HIGHLIGHTS

ITALIEN WELTERBE

EINE REISE ZU ALLEN UNESCO-STÄTTEN

ITALIENS WELTERBE

Thomas Migge

BRUCKMANN

Blick von der imposanten Marmolada in den Dolomiten Richtung Punta Penia und Pale di San Luca (oben). Mittelalterliche Trachten beim Bravio delle Botti, einem traditionellen Fest in Montepulciano, Toskana (Mitte). Barocke Fassade mit überaus reich geschmücktem Balkon im sizilianischen Noto (unten).

Inhaltsverzeichnis

Terrakotta Fassadenschmuck aus der Renaissance von Giovanni della Robbia am Ospedale del Ceppo im toskanischen Pistoia (oben). Fotogene Zypressengruppe auf einem Feld im toskanischen Val d'Orcia (Mitte). Traditionelle Pizzeria Vecchio Forno im schicken Badeort Tropea im süditalienischen Kalabrien (unten).

Traumhaft: Blick von der Dachterrasse des Palazzo Pazzi in Florenz (oben). Barockdekoration am Palazzo Nicolaci di Villadorata in Noto (Mitte). Im Garten der Villa d'Este in Tivoli (unten). Ausflug in die Südtiroler Alpen, im Hintergrund die Sellagruppe (rechts oben). Blick auf die malerische Bucht von Portovenere (rechts unten).

Reise ins Paradies des UNESCO-Weltkulturerbes

Berge und Kunst, Tempel und historische Stadtzentren

Italien und die UNESCO – diese Beziehung ergibt sich sicherlich von selbst. Wohl kein anderes Land der Welt besitzt so viele Kulturdenkmäler aus mehr als 3000 Jahren Geschichte. Auch wenn Italien im Vergleich zu den USA oder zu China, Indien und Russland ein Winzling ist, so wurden auf der Apenninen-Halbinsel doch entscheidende Zeichen in Kunst und Kultur gesetzt.

Obwohl im Laufe der Jahrtausende in Italien unermesslich viele Kulturdenkmäler verloren gingen, ist die Zahl derer, die erhalten blieben, trotzdem noch immer immens. Historische Altstadtkerne, Paläste und Kirchen, archäologische Stätten, prähistorische Felszeichnungen, antike Tempel, großartige Landschaften … Italien bietet dies alles im Überfluss.

So mancher Italienbesucher wird sich nun vielleicht fragen, warum der Mailänder Dom kein UNESCO-Weltkulturgut ist – ist er doch der größte und in seiner Bauweise sicherlich ungewöhnlichste gotische Dom Europas. Und warum zählt auch die Altstadt des umbrischen Städtchens Spoleto nicht zum Welterbe? Schließlich bietet sie eine nahezu intakte historische Bausubstanz aus rund 2000 Jahren Geschichte! Oder die Insel Capri? Mit ihren fantastischen Gesteinsformationen, Felsen, Buchten und den

Ruinen der Villen von Kaiser Tiberius ist sie absolut einmalig.

Viele Ortschaften, Gebäude und Kunstwerke in Italien sind sicherlich nicht weniger bedeutend, schön oder wertvoll für die Menschheit als jene, die bereits zum Welterbe geadelt wurden. Doch die UNESCO kann sie leider nicht alle berücksichtigen, sondern muss eine Auswahl treffen. Im Fall Italiens ist dies besonders wichtig, da dieses Land fast schon »zu viel von allem« besitzt.

Erziehung, Wissenschaft und Kultur

Die United Nations Educational, Scientific and Cultural Organization, kurz UNESCO, entstand nur wenige Monate nach Ende des Zweiten Weltkriegs, im November 1945. Sie ist eine von 19 Sonderorganisationen der Vereinten Nationen und umfasst 193 Mitgliedsstaaten. Ihr Name sagt bereits, dass sich

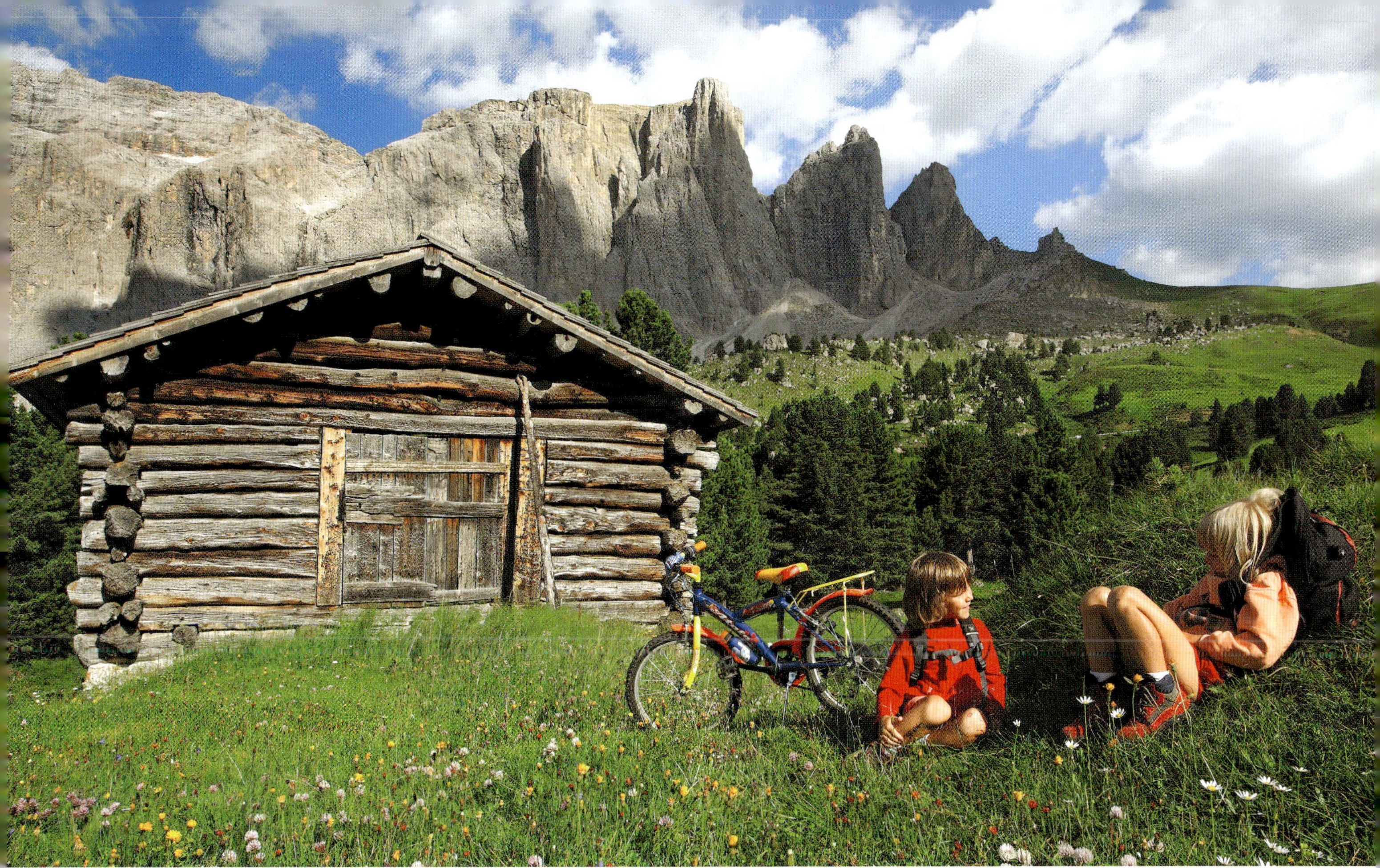

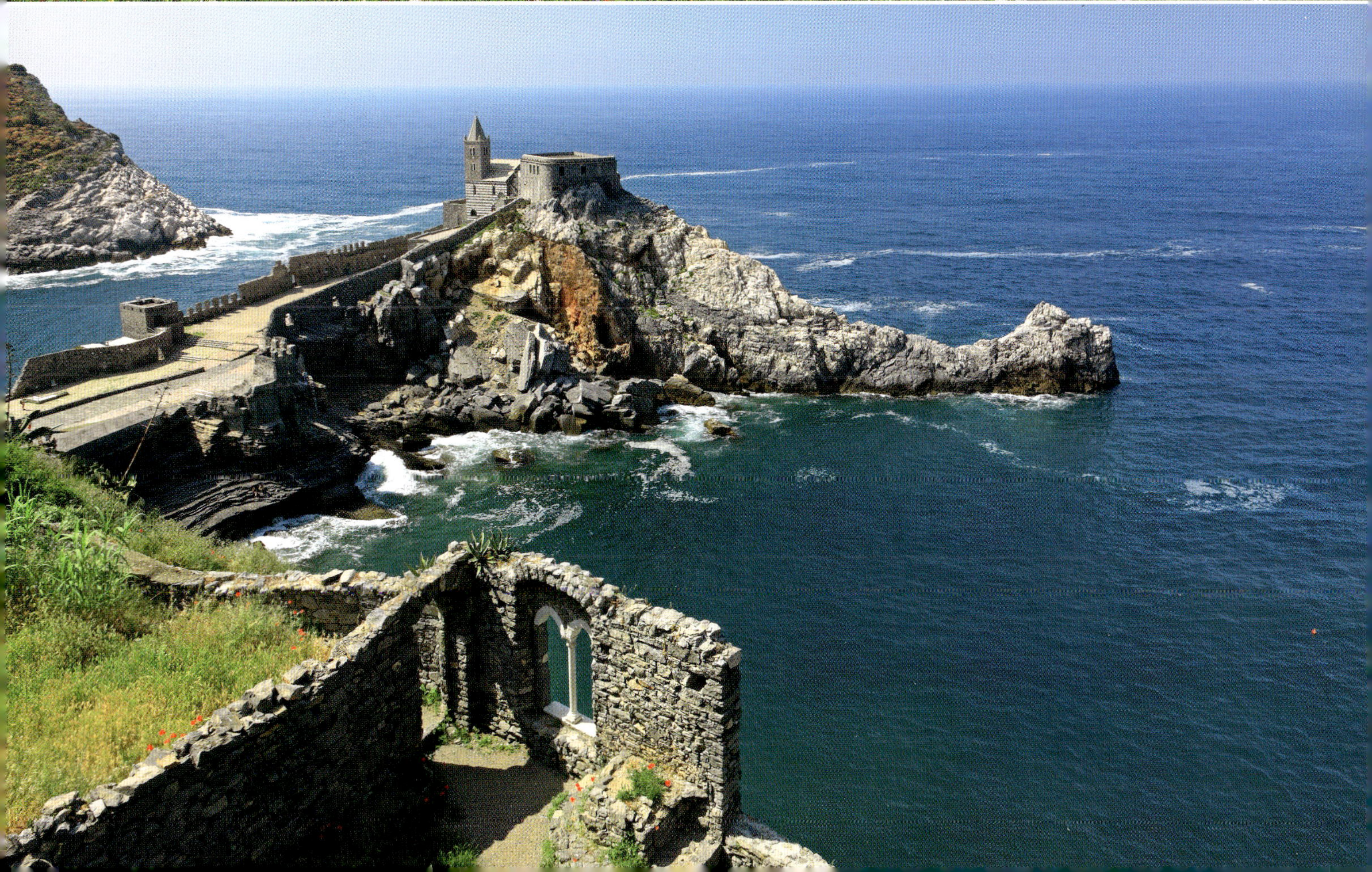

Mauer aus Kakteen mit dem Castello Falconara bei Licata im Süden Siziliens (oben). Kunsthandwerk im Hafenstädtchen Forio auf der süditalienischen Insel Ischia (Mitte). Dom und Bischofspalast im Renaissancestädtchen Pienza, Toskana (unten). Speisen mit Blick auf die Relikte des antiken Hadrianstempels auf der römischen Piazza di Pietra (rechts oben).

die UNESCO nicht nur um Tempel in Asien, um historische Altstädte in Italien und um Naturlandschaften in den USA kümmert, sondern auch Bildungs- und Wissenschaftsprojekte in aller Welt finanziert und betreibt. Ein gesonderter Arbeitsbereich der in Paris ansässigen Organisation ist der Kultur gewidmet. Das Welterbe der Menschheit wird vom World Heritage Committee der UNESCO verwaltet. Dieses Erbe umfasst sowohl Kulturgüter als auch Naturdenkmäler, die ihrerseits als Weltnaturerbe gelistet werden. Darüber hinaus bemüht sich das Programm »Meisterwerke des mündlichen und immateriellen Erbes der Menschheit« um den Schutz immaterieller kultureller Errungenschaften. Dazu gehören unter anderem Epen und Mythen, Musik, Spiele, Tänze, handwerkliche Fähigkeiten und andere Künste, aber auch seltene, alte und vom Aussterben bedrohte Sprachen.
Das World Heritage Committee erstellt als Gremium eine Liste jener Kulturgüter und Naturschätze, die weltweit unerläss-

lich zum Verständnis der Menschheitskultur sind. Mittlerweile ist diese Liste lang – sehr lang. Das bislang verzeichnete Welterbe der UNESCO umfasst 704 Kultur- und 180 Naturdenkmäler sowie 27 Stätten, die sowohl zum Natur- als auch zum Kulturerbe gerechnet werden. Insgesamt sind es 911 Denkmäler in 151 Ländern.
Einer Aufnahme in das Welterbe der UNESCO geht ein langwieriges Prozedere voraus. In vielen Fällen steht eine Anfrage seitens jener Städte, Ortschaften oder Regionen am Anfang, in denen etwa historische Stätten liegen oder die mit einer einzigartigen Landschaft aufwarten können. Um als Welterbe klassifiziert zu werden, gilt es bestimmte Kriterien zu erfüllen. So muss etwa ein Kulturerbe ein Meisterwerk menschlicher Schöpferkraft darstellen, ein Naturerbe ein einzigartiges Naturdenkmal sein. Ein Expertenteam beurteilt sämtliche Anfragen nach den vorgegebenen Kriterien und fällt dann sein Urteil. Kulturgüter und Naturdenkmäler, die in das

Welterbe aufgenommen wurden, sind als solche gekennzeichnet und stehen unter dem Schutz der Organisation. Jedoch haben kriegerische und andere Konflikte in der Vergangenheit gezeigt, dass der UNESCO die Hände mehr oder minder gebunden sind, wenn beispielsweise ein Kunstdenkmal zwischen die Fronten gerät.

Italien, der Sonderfall

Mit seinen 44 Welterbestätten – die Rhätische Bahn gehört eigentlich zur Schweiz – aus Vorgeschichte, Antike, Mittelalter, Renaissance, Barock und dem 20. Jahrhundert nimmt Italien einen einmaligen Rang ein. Sicherlich blicken auch China und Indien auf uralte Kulturtraditionen zurück, die atemberaubend schöne Kunstwerke und Baudenkmäler hinterließen. Italien jedoch bildet aufgrund seiner politischen und kulturellen Geschichte in seiner Gesamtheit einen Sonderfall – es ist das einzige Land der Welt, in dem sich kulturelle Umwälzungen, die immer wieder ein

Überdenken von Ideen und Kunstrichtungen mit sich brachten, in nur rund 3000 Jahren mehrere Male ereigneten. So erlebte in Italien die antike griechische Kultur eine Blütezeit, und die römische Kultur, die von Nordafrika bis nach Nordengland ganz Europa dominierte, hinterließ zahllose Glanzpunkte in Kunst und Architektur. Aus der italienischen Romanik und Gotik stammen einmalige Baudenkmäler, und die Renaissance, die in Italien entstand, markierte den Beginn einer neuen Ära. Sie läutete eine Zeitenwende ein, ohne die die Moderne unter anderem in der bildenden Kunst, der Wissenschaft, der Architektur und der Literatur undenkbar gewesen wäre. Außerdem entstand in Italien die Barockkunst, die ihre eigenen Blüten trieb.

Italien, der Problemfall

Italien besitzt neben seinen Welterbestätten Zehntausende kunsthistorisch bedeutende sakrale und profane Bauwerke, archäologische Stätten und

Blick vom Kapitol des Michelangelo auf das riesige Forum Romanum in Rom (links). Reich verzierte Renaissancekirche und Kuppel von Santa Maria delle Grazie in Mailand (oben). Menschenmenge während der Karfreitagsprozession mit dem Papst am römischen Kolosseum (Mitte). Der Ponte Vecchio in Florenz mit den Werkstätten der Juwelierläden (unten).

Das rätselhafte Castel del Monte des Stauferkaisers Friedrich II. in Apulien (oben). Der mittelalterliche Ponte Scaligero in Verona (Mitte). Vergoldetes Detail einer Gondel in Venedig (unten). Hochzeitsfototermin im Chiostro del Paradiso der Kathedrale von Amalfi (rechts Mitte). Stelldichein in den Augustgärten auf Capri, dahinter die Faraglioni-Felsen (rechts).

Museen sowie einzigartige Landschaften. Die umfassende und sachgerechte Verwaltung dieses Kultur- und Naturerbes ist äußerst komplex, extrem schwierig und eigentlich unmöglich. Erschwerend kommt hinzu, dass der italienische Staat nicht im Geld schwimmt. Im Gegenteil: In den letzten Jahren führten radikale Sparmaßnahmen im Kulturbereich auch zu gravierenden Einsparungen beim Erhalt und der Restaurierung von Kulturschätzen. Das Kulturministerium in Rom erhält von den jeweiligen Regierungen nur einen verschwindend geringen – eigentlich schon skandalös geringen – Etat zugesprochen, dessen Löwenanteil für Verwaltung und Personal ausgegeben werden muss. Für die Kulturgüter bleibt immer weniger übrig. Prominente Kunsthistoriker und private Organisationen fordern deshalb mehr Geld für deren Erhalt, doch diese Stimmen werden nicht erhört. Die Kulturpolitik wird extrem vernachlässigt und das in einem Land, das wie kaum ein anderes zum Kulturerbe der Menschheit

beigetragen hat und dessen Kunstschätze aus mehreren Jahrtausenden heute gleichsam das »Erdöl der Nation« bilden. Das nationale Kulturerbe lockt Jahr für Jahr Millionen Besucher auf die Apenninenhalbinsel, und doch wird ihre wichtigste Ressource allzu häufig sträflich vernachlässigt: illegal errichtete Neubauten in archäologischen Parks, marode Mauern in Pompeji, einstürzende Barockkuppeln und tiefe Risse in Renaissancegebäuden, mangelhafte Pflege ganzer historischer Stadtkerne – zum Beispiel in Neapel –, verschmutzte Kulturlandschaften, die von der organisierten Kriminalität als illegale Müllkippen verschandelt werden … Die Liste des gedankenlosen Umgangs mit den hiesigen Kultur- und Naturdenkmälern ist lang. Dagegen wird zwar geklagt, ermittelt und protestiert, doch nur in wenigen Fällen mit Erfolg. So bleibt nur zu hoffen, dass sich diese Situation in Zukunft zum Besseren wendet – derzeit zumindest sind keine Zeichen für positive Veränderungen in Sicht.

Malerischer Blick von der Südtiroler Seiser-
alm bei Bozen auf die schneebedeckte
Langkofelgruppe (oben). Die Kirche der
fürstlichen Villa Barbaro in Maser bei Tre-
viso, ein Meisterwerk Palladios (Mitte).
Seit 200 Jahren eleganter Treffpunkt in
Padua: das Caffè Pedrochi (unten). Panoramablick auf Vicenzas historisches Zentrum mit der Basilika von Palladio (rechts).

Östliches Oberitalien

1 | Die Welt der Dolomiten

Wo bergiges Welterbe der Erkundung harrt

Am schönsten sind sie frühmorgens, wenn die ersten Sonnenstrahlen ihre zerklüfteten Spitzen hell beleuchten. Oder am frühen Abend, wenn die schroffen Felsgipfel über den saftig grünen Matten zartrosa erstrahlen. Die Dolomiten zählen mit Abstand zu Europas beeindruckendsten Gebirgen. Von ihren bizarren Formationen lassen sich Besucher aus aller Welt faszinieren.

Wo die Dolomiten anfangen und wo sie aufhören, ist immer noch umstritten. Nur fast einhellig heißt es, dass sie im Osten durch Sexten und den Fluss Piave, im Norden durch das Pustertal und im Westen durch die Täler von Eisack und Etsch begrenzt werden. Niemand jedoch zweifelt daran, dass die südlichen Kalkalpen, wie sie von Geologen genannt werden, wunderschön sind. Typisch für diese einzigartige Berglandschaft sind ihre grünen, sanft geschwungenen und wie Samt anmutenden Almen, aus denen abrupt steile Kalksteinmassive hoch aufragen.

Steine des Urmeeres

Das für die Gebirgskette charakteristische Dolomitgestein stammt aus dem Trias und ist ungefähr 250 Millionen Jahre alt. Diese gigantischen, versteinerten Korallenriffe bildeten sich aus Sedimenten und Organismen des tropischen Urmeeres Tethys. Die zumeist schroffen Gebirgsformationen sind entstanden, als die eurasische und die adriatische Erd-

platte heftig aufeinanderprallten und so der gesamte Alpenraum mit enormer Gewalt in die Höhe geschoben wurde.

Zwergenkönige und Mondprinzessinnen

Seit 2009 gehören Drei Zinnen und Marmolada, Brenta, Schlern, Rosengarten und Latemar sowie einige andere Regionen der Dolomiten zum Welterbe der UNESCO. Um ihre Schönheit zu genießen, muss man weder Geologe noch Bergsteiger sein – die fantastischen Formen der majestätischen Berge beeindrucken bei strahlendem Sonnenschein oder unter einem Himmel voller stürmischer Wolken auch schon aus der Ferne vom Balkon des Hotelzimmers oder der Ferienwohnung aus.
Wer sich die eindrucksvoll zerklüfteten Massive wie Rosengarten und Langkofel einmal angesehen hat, den wundert es nicht mehr, dass sich um die Dolomiten zahlreiche Legenden ranken. In diesen spielen Zwergenkönige und Mondprinzessinnen eine herausragende Rolle –

Die Wanderwege in den Dolomiten, hier am Monte Pelmo, sind ausgezeichnet beschildert (oben). In Südtirol pflegt man Traditionen, zu sehen etwa beim Oswald-von-Wolkenstein-Ritt in Seis (unten). Ein Traum: die Langkofelgruppe beim Fassatal im Trentino (rechts unten). Der Sessellift bringt einen zum Pomedes-Bergrestaurant bei Cortina d'Ampezzo (rechts oben).

und natürlich das rote Leuchten der Berge im Sonnenuntergang, das die Menschen schon seit Jahrtausenden fasziniert.

Bergsteiger, Soldaten und Urlauber

Die Geschichte des Alpinismus in den Dolomiten beginnt erst im frühen 19. Jahrhundert. 1802 wurde zum ersten Mal die Marmolada bestiegen, mit 3342 Metern der höchste Gipfel des Gebirges. Der Tourismus nahm seinen Anfang mit der Errichtung der Brennerbahn 1867. Von da an zog es immer mehr Reisende hierher, vor allem aus Nordeuropa und Mittelitalien.
Später kamen dann die Armeen. Im Ersten Weltkrieg kämpften hier italienische und österreichische Soldaten, bis 1918 gehörten Südtirol, das Trentino, Buchenstein und Cortina zu Österreich. Noch heute zeugen Bunker und Stollen von dieser Zeit. Nun gehört dieser Teil der Alpen zwar zu Italien, die Ortschaften

der Region bezaubern aber mit einem deutsch-italienisch-ladinischsprachigen Kulturmix, der sich nicht zuletzt in einer hervorragenden Küche niederschlägt.
Ob für drei Tage oder zwei Wochen: Die Dolomiten bieten so viele Wandermöglichkeiten, dass ein einziger Urlaub gar nicht ausreicht, um sie erschöpfend zu erkunden. Berühmt ist etwa die Rosengarten-Umrundung über die Kölner Hütte. Für die rund elf Kilometer sollte man etwa sechs Stunden einplanen. Man marschiert immer auf einer Höhe zwischen 2100 und 2640 Metern und hat unterwegs eine atemberaubende Aussicht. Durch die Welt des Rosengartens und des Latemars führt eine landschaftlich reizvolle, 15 Kilometer lange, einfache Wanderung in vier Stunden von Obereggen zum Karersee. Und einen sagenhaften Panoramablick garantiert eine Wanderung über das Hochplateau des Schlern, wo mit der zackigen Santnerspitze ein unverwechselbares Wahrzeichen Südtirols aufragt.

Alte Bauernhäuser, grüne Wiesen und Almen, Wälder und dann die majestätischen Berge der Dolomiten: Die Geislergruppe im Villnösstal zählt zu den schönsten Bergmassiven Südtirols.

2 | Die Altstadt von Verona

Wo Romeo und Julia zu Hause waren

Wenn im riesigen Oval der römischen Arena Giuseppe Verdis Oper Aida unter freiem Himmel erklingt, dann sitzen in der Regel auch viele deutsche Touristen im Publikum. Sie kommen zumeist mit dem Bus vom Gardasee oder von den Urlaubsorten an der Adria. Nur die wenigsten bleiben auch eine Nacht in Verona. Dabei hat die Stadt ungemein viel zu bieten.

San Zeno Maggiore in Verona wurde auf antiken Ruinen errichtet (oben). Immer gut besucht: das sommerliche Opernfestival in der Arena di Verona (unten). Der angebliche Balkon der Julia in Verona, unter dem Romeo gesungen haben soll (rechts unten). Südländische Idylle: Malcesine am Gardasee, im Hintergrund die Gruppo di Brenta (rechts oben).

Reisende, die auch über Nacht in der antiken Stadt bleiben, besuchen zumeist die sogenannte Casa di Giulietta. Unter dem Balkon des historischen Hauses soll Romeo seiner geliebten Julia Ständchen und Gedichte dargeboten haben. Jedes Jahr gehen in der Casa di Giulietta Tausende Briefe von Verliebten ein, doch hat diese Tradition weder Hand noch Fuß. Denn keiner weiß, ob die historische Julia, die William Shakespeare in seinem Schauspiel verewigte, hier wirklich lebte. Und der berühmte, viel fotografierte Balkon wurde erst im frühen 20. Jahrhundert hinzugefügt. Echt hingegen sind die zahlreichen historischen Gebäude aus rund 2000 Jahren Stadtgeschichte. Um sie alle besichtigen zu können, sollte man mindestens zwei volle Tage einplanen.

Verdi und Puccini in der Arena der Gladiatoren

Zunächst die römische Arena: Ursprünglich 153 Meter lang und 123 Meter breit, ist sie eines der größten erhalte-nen Gebäude des Römischen Reiches. Vermutlich wurde das Amphitheater im 2. Jahrhundert n. Chr. errichtet. Einst fanden dort rund 30 000 Menschen Platz, heute können sich dort noch 22 000 Zuschauer einfinden. Seit Jahrzehnten ist die Arena Italiens größtes Freilufttheater. Aufgeführt werden in der Regel gängige Opern von Giuseppe Verdi und Giacomo Puccini. Sänger, die in dem großen Oval stimmlich bestehen, haben eine weitere wichtige Stufe auf ihrer Karriereleiter erklommen. Die Akustik der Arena ist so gut, dass man auch auf den billigen Plätzen ganz oben am Rand des Theaters die Sänger gut verstehen kann.

Sicherlich kann Italien mit vielen kunsthistorisch bedeutenden Altstädten aufwarten, aber es verwundert trotzdem schon, dass Veronas Zentrum erst im Jahr 2000 von der UNESCO zum Welterbe ernannt wurde. Denn die reizvolle Mischung aus historischen Monumenten verschiedenster Epochen ist umwerfend und die Zahl der sehenswerten antiken,

mittelalterlichen und jüngeren Gebäude so groß, dass man Tage braucht, um auch nur einen Bruchteil davon gesehen zu haben.

Romanische Kirchen und ein Forum Romanum

Unbedingt einen Besuch wert ist die Basilica di San Zeno, die als eines der schönsten Beispiele der romanischen Baukunst in Italien gilt. Der Innenraum der Kirche aus dem 11. Jahrhundert präsentiert sich wie ein Museum. Unter den darin aufbewahrten Meisterwerken befindet sich ein wunderschönes Altarbild des Renaissancemeisters Andrea Mantegna.

Die meisten der Gotteshäuser, so auch der Dom, stammen aus der Romanik und der Zeit der Skaliger, die die Stadt im 13. und 14. Jahrhundert regierten. Von der kulturellen Blütezeit jener Jahre zeugen heute noch die Skaligergräber. Der monumentale gotische Grabkomplex ist einmalig in Italien.

Wo sich in der Antike das Forum Romanum befand – das politische, wirtschaftliche und soziale Zentrum der römischen Stadt – locken heute die Cafés und Marktstände der Piazza delle Erbe. An diesem vielleicht schönsten, bestimmt jedoch lebendigsten Platz in der Altstadt stehen der barocke Palazzo Maffei und andere historische Paläste. Die Fassaden zahlreicher Gebäude sind mit Fresken geschmückt, und die Platzmitte ziert ein Brunnen mit einer antiken Statue aus dem 4. Jahrhundert.

Römisch ist auch der Ponte Pietra, die einzige erhaltene antike Brücke Veronas. Sie ist stolze 95 Meter lang und 4 Meter breit. Im Zweiten Weltkrieg teilweise beschädigt, wurde sie später originalgetreu rekonstruiert.

Unter den zahlreichen Museen sticht das Museo di Castelvecchio hervor. Es präsentiert im Castello Scaligero aus dem 14. Jahrhundert Meisterwerke von Antonio Pisanello, Jacopo Bellini, Carlo Crivelli und anderen italienischen Renaissancemalern. Die Sammlung gilt als eine der reichsten in ganz Norditalien.

Bei schönem Wetter ist der Besuch des Teatro Romano zu empfehlen. Die Sitzreihen dieses antiken Theaters aus dem 1. Jahrhundert schmiegen sich an den Hang des Colle San Pietro jenseits der Etsch. Von dort öffnet sich ein herrlicher Blick auf die Altstadt.

Ob nach einer Veranstaltung in der Arena oder im Teatro Romano: Man trifft sich auf der Piazza Bra. Sie erstreckt sich um die antike Arena und ist der *salotto* der Stadt. So nennen die Italiener nicht nur ihre gute Stube, sondern auch ihren Lieblingsplatz, wo man sich trifft, kennenlernt, etwas trinkt und den Tag ausklingen lässt.

DER DEUTSCHEN LIEBSTER SEE IN ITALIEN

Eine halbe Stunde Autobahn von Verona entfernt lockt der Gardasee, Italiens größter und vielleicht schönster See, nicht nur mit Natur, sondern auch mit viel Kunst. In dem malerisch auf einer Halbinsel im See gelegenen Örtchen Sirmione zum Beispiel befinden sich die Ruinen einer prächtigen römischen Villa und eine mittelalterliche Burg.

Besonders schön ist die Straße am Seeufer entlang, die zu bezaubernden ehemaligen Fischerorten führt, etwa nach Limone sul Garda und Malcesine im nördlichen Teil des Sees. Man sollte Ausflüge in die Berge im Norden des Gardasees machen, zu den Seen Idro und Ledro, über herrliche Panoramastraßen, die Ausblicke wie in den Voralpen bieten. Und: Im Sommer ist es hier angenehm frisch.

Unbedingt zu empfehlen: die zahlreichen Fischrestaurants entlang des Gardasees.

WEITERE INFORMATIONEN

www.gardasee.info.de

3 Vicenza und die Villen Palladios

Wo der erste Stararchitekt wirkte

Der Renaissance-Architekt Andrea Palladio und seine Schüler schufen Hunderte prachtvoller Residenzen. Nicht alle werden angemessen gepflegt, und Italiens Medien berichten immer wieder über Vernachlässigungen. Doch die insgesamt 24 Villen, welche die UNESCO in ihre Liste des Welterbes aufgenommen hat, sind eine mehrtägige Tour auf den Spuren eines der besten und überraschendsten Baumeister der europäischen Kunstgeschichte auf jeden Fall wert.

Graf Paolo Almerico hatte sicher nie gedacht, dass sein Alterssitz einmal weltberühmt werden würde. Der Aristokrat ließ sich 1566 in der Nähe von Vicenza eine Residenz von Andrea Palladio erbauen, die für die Architektur der folgenden Jahrhunderte stilbildend wirken sollte. So ließen sich etwa englische Adlige beim Bau ihrer Herrenhäuser im 18. und frühen 19. Jahrhundert von Graf Almericos Villa Capra inspirieren.

Eigentlich ein falscher Name

In die europäische Architekturgeschichte ging Almericos Villa als *La Rotonda*, »die Runde«, ein. Auf den ersten Blick erscheint sie jedoch nicht rund, sondern quadratisch. Der exakt viereckige Bau ist an allen vier Seiten gleich groß konzipiert. Vier Freitreppen führen hinauf zu vier Säulenvorhallen, die jeweils mit einem Tympanon, einer dreieckigen Schmuckfläche, verziert sind. In der Mitte des Bauwerks erhebt sich eine

Kuppel. Sie krönt den mächtigen, rund überkuppelten Hauptsaal. La Rotonda wird die Villa deshalb genannt, weil der Entwurf Palladios genau in einen Kreis passt. Nicht nur das Äußere überwältigt durch eine fast schon klassisch zu nennende Eleganz, die für die damalige europäische Baukunst revolutionär war. Fresken venezianischer Meister erzeugen fast schon bühnenbildreife Gemälde an den Wänden der wichtigsten Säle.

Antike Vorbilder ohne viele Dekorationen

Der 1508 in Padua als Andrea di Pietro della Gondola geborene Architekt ging als Palladio in die Geschichte der Baukunst ein. Er gilt als der erste bedeutende Berufsarchitekt der europäischen Neuzeit, der für eine zahlende Klientel arbeitete – und das sein Leben lang. Palladio hatte die Schriften des römischen Baumeisters Vitruv gut studiert und richtete seine Entwürfe nach anti-

Von antiken Bauten inspiriert: die Basilica von Palladio, die Torre Orologio und die Piazza die Signori in Vicenza (oben). Das barocke Heiligtum am Monte Berico bei Vicenza ist ein beliebtes Ausflugsziel (unten). In Maser kann man die Villa Barbaro alias Villa Volpi besichtigen (rechts oben), an der Riviera del Brenta die Villa Contarini Camerini (rechts unten).

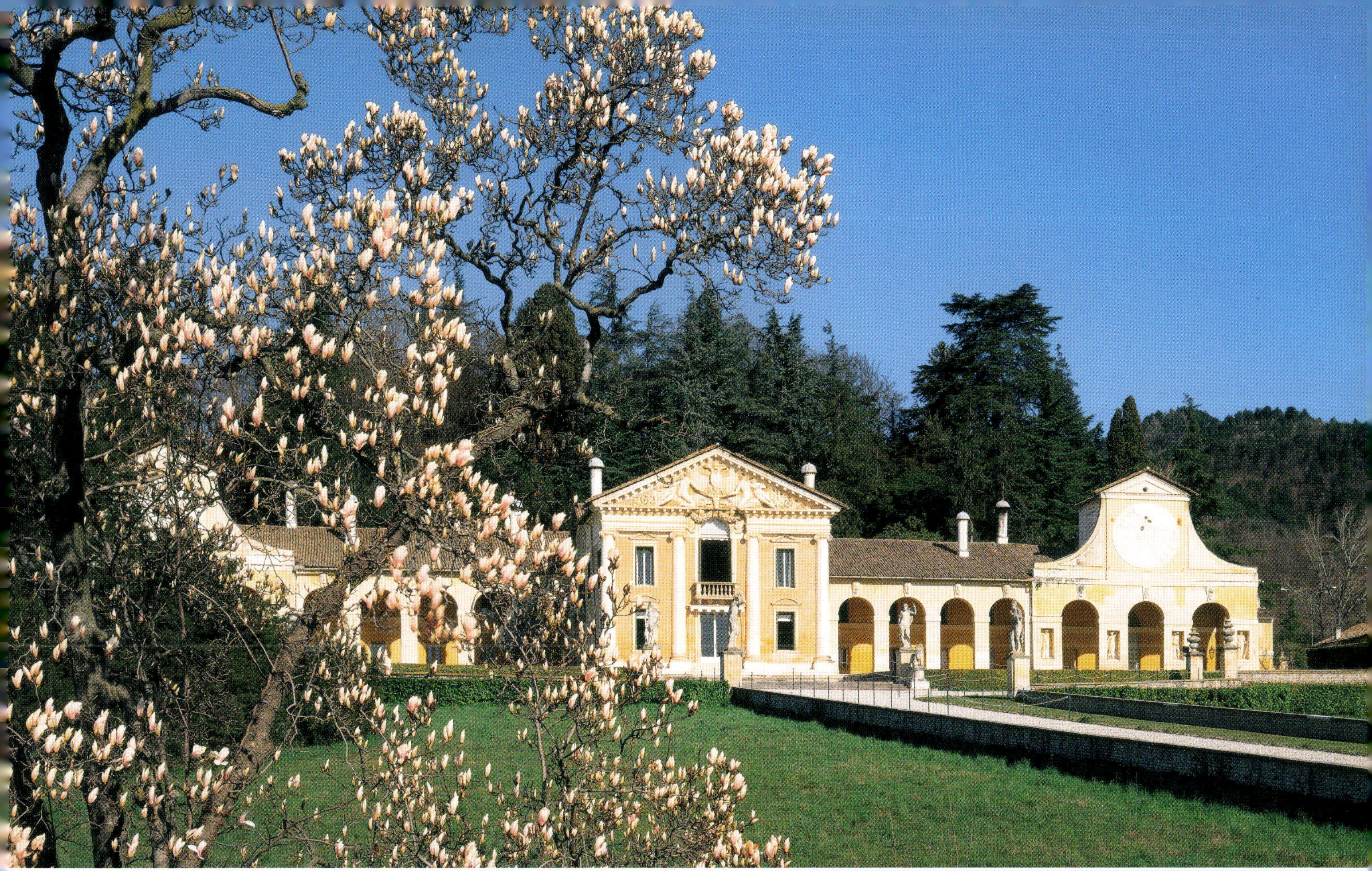

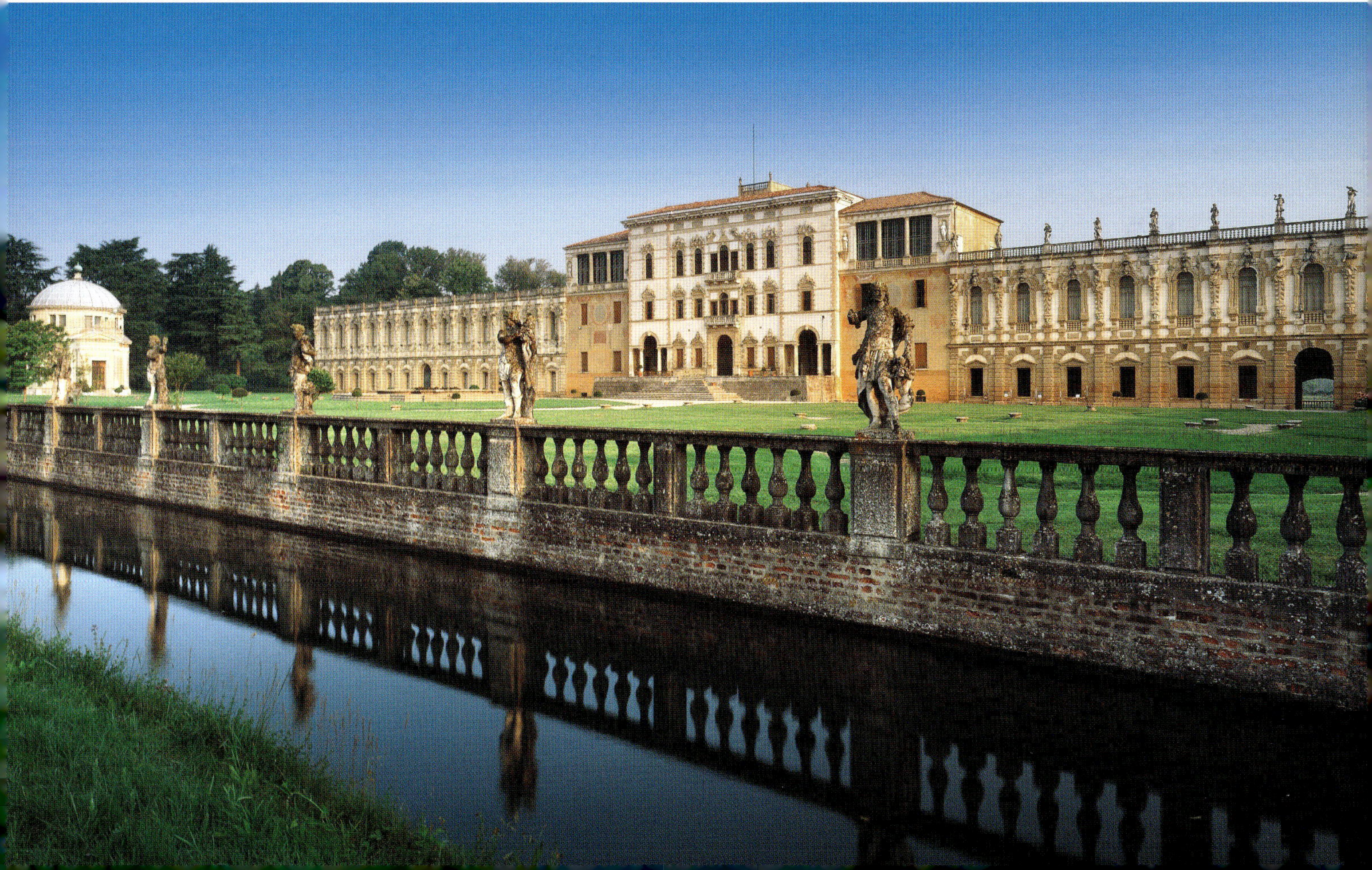

Fast alle Villen Palladios (oben: Villa Cordellina Lombardi, Montecchio Maggiore) zieren Fresken, auch die Villa Caldogno Pagello in Caldogno (Mitte). Die meisten haben zudem prächtige Gärten (unten: Heckenlabyrinth der Villa Pisani, Stra). Italiens wohl besterhaltenes Renaissancetheater: das Teatro Olimpico (rechts unten). Barszene in Nardini (rechts oben).

ken Vorbildern aus. Ohne sich vom dekorativen Schnickschnack seiner Zeit beeinflussen zu lassen, ging es ihm darum, die reinen Formen sprechen zu lassen: den Kreis, das Quadrat, das Rechteck und Verbindungen aus diesen dreien. Kein unnötiger Zierrat sollte diese Formenklarheit verunstalten. Inspirieren ließ sich Palladio auch von den großen Architekten der italienischen Renaissance, von Jacopo Sansovino, Michelangelo und Donato Bramante. Im Unterschied zu diesen reduzierte er jedoch den Skulpturen- und Reliefschmuck und versuchte, die Architektur auf ein stilisiertes antikes Formmaß zurückzuführen. Sein Ziel war das direkte Anknüpfen an eine Idee antiker Baukunst, die als strenges Vorbild dient. Im Sinne des humanistischen Weltbildes sollte nach der »dunklen« Epoche des Mittelalters der neue Mensch der mit der Renaissance beginnenden Neuzeit im Zentrum einer idealen Architektur stehen. Gleichzeitig sollte diese Architektur die perfekte Kulisse für eine neue Gesellschaft bilden, die sich als humanistisch im antiken Sinn verstand.

Palladios Einfluss auf die europäische Baukunst

Palladios architektonische Ideen und seine Villen sollten beispielhaft für die nächsten Jahrhunderte der Baukunst werden. Sein Baustil, der als Palladianismus in die Kunstgeschichte einging, inspirierte nicht nur englische Aristokraten im späten 18. und frühen 19. Jahrhundert, die sich im Stil des Italieners Landresidenzen errichten ließen. Auch die Architektur der Landhäuser Nordamerikas aus dem 18. Jahrhundert war

von Palladios Bauten in Italien beeinflusst. Das Weiße Haus in Washington ist zum Beispiel ganz nach seinen architektonischen Prinzipien errichtet worden. Palladios Villen sind durch ihre radikale Einhaltung der ästhetischen Prinzipien hinsichtlich Proportion und Ausgewogenheit leicht zu erkennen. Venedigs Adel, der bei ihm Landresidenzen in Auftrag gab, kam seinen Vorgaben immer wieder nach. So gelang es Palladio, den Zeitgeschmack zu prägen und einen herrschaftlichen Stil zu kreieren.

Eine ganze Region voller Villen

Die meisten Palladio-Villen stehen zwischen Venedig und Vicenza. Bei Asolo kann die Villa Maser besichtigt werden. Sie wurde zwischen 1549 und 1558 errichtet und war für ihre Zeit ein ungewöhnlich mutiger Entwurf.

Die niedrige Villa steht auf einem Hügel mit weitem Ausblick. Das Bauwerk besteht aus fünf Teilen, die symmetrisch um einen klassizistisch anmutenden Mittelbau gruppiert sind. Wie bei einer antiken Villa tritt dieser Mittelbau deutlich aus dem Gesamtensemble hervor und besticht durch eine Fassade mit vier ionischen Pilastern und einem mit Skulpturen verzierten dreieckigen Giebel.

Ein ähnlicher Entwurf liegt der Villa Emo in Fanzolo zugrunde. Doch hier radikalisierte Palladio seine Ideen. Der Hauptteil mit seinen vier Säulen und dem dreieckigen Giebel ist viereckig und erhebt sich hinter einer Freitreppe, die mit ihren breiten und tiefen Stufen ungewöhnlich lang und wie eine elegante Rampe zur Hauptfront wirkt. Rechts und links davon liegen hinter schlichten Pfeilerarkaden die Wirtschaftsgebäude.

Palladio verband immer wieder auf sehr elegante Weise Repräsentations- und Arbeitsgebäude, denn seine Auftraggeber nutzten die Villen auf dem Land im Unterschied zu ihren Palästen in Venedig und in anderen italienischen Städten als landwirtschaftliche Betriebe. Hier wurde in eleganter und harmonischer Umgebung gearbeitet.

Vicenza und Palladio

In Vicenza lassen sich an einem Ort gleich zwei verschiedene Bauten des großen Baumeisters besichtigen. Im Jahr 1549 gewann der Architekt den Wettbewerb für den Neubau des mittelalterlichen Palazzo della Ragione. Palladios Entwurf besticht durch eine Reihe von Loggien, die – so seine Idee – an das antike Rom erinnern sollen. Das elegante Projekt überzeugte die Stadtväter so sehr, dass sie den Baumeister zu Vicenzas offiziellem Architekten ernannten. Palladios ewiger Ruhm war damit begründet. Palladios vielleicht zweitwichtigstes Werk in Vicenza ist das Teatro Olimpico, einer der bemerkenswertesten Theaterbauten in ganz Europa. Das Teatro ist wie ein antikes Theater mit gestaffelten Sitzreihen versehen, von denen aus die Besucher direkt auf den Bühnenraum blicken. Für diesen entwarf Palladio eine ganze Bühnenstadt mit fünf Straßen und Palästen. Sie sind perspektivisch so verkürzt, dass sie die Illusion einer weitaus größeren Tiefe vermitteln, als es der Realität entspricht.

Palladios Ruhm führte ihn schließlich auch nach Venedig, wo ihn die Dogen höchstpersönlich damit beauftragten, zwei der heute wichtigsten und schönsten Kirchen zu entwerfen: die Votivkirche Il Redentore auf der Insel Giudecca und die prächtige Kirche San Giorgio Maggiore auf der gleichnamigen Insel. Sie gehört zu den elegantesten Gotteshäusern der gesamten italienischen Kunstgeschichte.

Genießertipp: Das »La Pesca« im nahen Lonigo serviert Meeresfrüchte und regionale Spezialitäten vom Feinsten – große Küche! (www.lapesca.it)

ITALIENS HAUPTSTADT DER DESTILLATE

Weniger als eine Stunde Autofahrt ist es nach Bassano del Grappa, ein hübsches Städtchen in Venetien mit zahlreichen historischen Bauwerken. Die Altstadt liegt direkt am Fluss Bassano und lädt zum Verweilen ein.

Romanische Kirchen wie der Dom und San Francesco sowie die Villa Angarano, ein Werk von Palladio, sollten unbedingt besucht werden. Sehenswert ist auch das Poli-Museo della Grappa.

Bei Bassano denkt man in Italien immer gleich an den Grappa, eines der bekanntesten Produkte Italiens. Ein Qualitäts-Destillat, das in Grappa seit jeher zu Hause ist. Nicht wenige Bürger brennen ihn selbst bei sich zu Hause in den verschiedensten Geschmacksrichtungen.

WEITERE INFORMATIONEN

www.bassano.eu

Jedes Jahr im Sommer finden auf dem Kanal Riviera del Brenta, an dessen Ufer einige der schönsten Villen des venezianischen Adels stehen, historische Bootsregatten statt.

4 Botanischer Garten in Padua

Wo man gerne forschte

Selbst die meisten Italiener wissen nicht, dass der älteste Botanische Garten der Welt in ihrem Land gelegen ist – in Padua. In diesem historischen Garten spazierte bereits Johann Wolfgang von Goethe. In seiner italienischen Reise schrieb er am 27. September 1786: »Es ist erfreuend und belehrend, unter einer Vegetation umherzugehen, die uns fremd ist.«

Mitten in Padua bietet der älteste noch existierende Botanische Garten der Welt dichtes Grün und Goethes Palme (oben und unten). Zieht pro Jahr rund eine Million Pilger an: die Antoniusbasilika in Padua (rechts unten). Jakob trifft Anna an der heiligen Pforte: Ausschnitt aus einem Fresko von Giotto in der Cappella degli Scrivegni (rechts oben).

Goethe stellte in diesem Garten vielfältige Betrachtungen an. »Hier in dieser neu mir entgegentretenden Mannigfaltigkeit«, schreibt er, »wird jener Gedanke immer lebendiger: Dass man sich alle Pflanzengestalten vielleicht aus einer entwickeln könne. Hierdurch würde es allein möglich werden, Geschlechter und Arten wahrhaft zu bestimmen, welches, wie mich dünkt, bisher sehr willkürlich geschieht. Auf diesem Punkt bin ich in meiner botanischen Philosophie stecken geblieben, und ich sehe noch nicht, wie ich mich entwirren will«.

Goethes Palme

Der deutsche Italienreisende war vor allem von einer Zwergpalme angetan, die schon zu seinen Zeiten als die älteste Europas galt und heute »Goethe-Palme« genannt wird. Der Dichterfürst beschrieb den Baum 1790 in seinem Werk *Die Metamorphose der Pflanzen*. 1585 gepflanzt, steht sie noch heute und macht der Gartendirektion große Sorgen. Denn Italiens Palmen sind von Insekten bedroht, die vor Jahren ins Land eingeschleppt wurden und die Bäume langsam aber sicher töten. Der 22 000 Quadratmeter große Garten wurde vom venezianischen Senat und der Stadtregierung 1545 mit dem konkreten Ziel angelegt, die Erforschung von Heilpflanzen voranzutreiben. Seit damals gehört der Garten zur Universität von Parma. Nach Aufforderung des Senats brachten Kaufleute von ihren weltweiten Handelsreisen immer wieder unbekannte Pflanzen nach Padua. Auf diese Weise erhielt der Botanische Garten eine europaweite Hauptrolle beim Studium exotischer Pflanzen. Mit der Zeit kam ein Herbarium hinzu sowie eine Forschungsbibliothek, die weltweit als eine der umfangreichsten gilt. Die meisten der rund 6000 Pflanzen wachsen im Freien, nur wenige gedeihen in den Gewächshäusern. Alle sind sie systematisch nach pflanzengeografischen Gesichtspunkten auf Beeten gepflanzt. Ein Spaziergang durch die Anlage ist auch lehrreich, da sämtliche

Pflanzen mit Erklärungstafeln versehen sind. Hobby- und Profi-Botanikern in aller Welt ist der Garten ein Begriff.

Habitate zwischen Nord und Süd

Die Schätze des Gartens sind die großen Sammlungen von fleischfressenden Pflanzen, von Heil- und auch Giftpflanzen und von Orchideen. Gezeigt werden insgesamt fünf Habitate: ein Süßwasserhabitat, ein Alpinum mit seltenen Pflanzen der Alpenwelt, ein kleines Wüstengebiet, die für das Mittelmeergebiet typische Vegetation und ein Gewächshaus mit Tropenklima für Orchideen. Ganz in der Nähe des Botanischen Gartens steht die Hauptkirche von Padua. Die orientalisch anmutende Basilika ist dem heiligen Antonius geweiht und eine der populärsten Wallfahrtskirchen Italiens. Sie birgt das Grab des Heiligen.

Zwei Höhepunkte farbenprächtiger Wandmalereien sollte man sich nicht entgehen lassen: die Emeritanikapelle mit ihren imposanten Fresken von Andrea Mantegna und die von Giotto prächtigst ausgestattete Scrovegni-Kapelle, beide am Rand der Altstadt zu finden. Das historische Zentrum bietet viele alte Paläste und Plätze. Auf die UNESCO-Liste brachte Padua jedoch der Botanische Garten. Und das, obwohl die meisten Pilger, die herkommen, seltsamerweise einen großen Bogen darum machen. Oder eher: glücklicherweise? Apropos Genießerglück: Alajmos Gourmettempel Sarmeola di Rubano in Le Calandre zieren drei Michelin-Sterne. Die Fahrt zum Stadtrand lohnt: Das minimalistisch gestylte Restaurant zählt zu den elegantesten der Region (www.calandre.com).

GIOTTOS ATEMBERAUBENDE KAPELLE

In Padua findet sich eines der berühmtesten Highlights der italienischen Kunstgeschichte. Die von außen schlichte Cappella degli Scrovegni wurde im frühen 14. Jahrhundert von Giotto ausgemalt. Für einige Kunsthistoriker übertreffen diese Wandmalereien in Qualität und Darstellung diejenigen Giottos in Assisi.
Dargestellt werden auf den komplett restaurierten Fresken ikonografisch reich gestaltete Szenen aus den Texten des Heiligen Augustinus, mit einer Detailtreue und darstellerischen Individualität, die für ihre Zeit ungewöhnlich waren. Giotto, das wird bei diesen Fresken deutlich, muss als Vorreiter der italienischen Renaissance gelten. Die komplett ausgemalte Kapelle kann nur nach vorheriger Reservierung besichtigt werden, damit die Luftfeuchtigkeit in ihrem Innern nicht zu sehr ansteigt.

WEITERE INFORMATIONEN

www.cappelladegliscrovegni.it, auch in englischer Sprache

5 | Venedig und seine Lagune

Wo Lärm und Hektik ganz weit weg sind

Venedig ist mit Abstand die schönste Stadt der Welt. Schon deshalb, weil ihre zahllosen historischen Kirchen, Paläste und Plätze auf dem Wasser liegen und Autos keinen Zugang haben. Der Besucher bewegt sich zu Fuß oder mit dem Boot und erfährt so eine ganz neue, eine andere Dimension von Urbanität, von Stille und Ruhe. Venedig ist die Anti-Stadt par excellence.

Am schönsten ist es sicherlich, am späten Abend und nach Einbruch der Dunkelheit am Bahnhof Santa Lucia oder mit dem Wagen an der Piazzale Michelangelo anzukommen und sich mit einer Gondel ins Quartier bringen zu lassen. Besonders beeindruckend ist der Canal Grande nämlich, wenn die Palazzi hell erleuchtet sind. Wer nicht das nötige Kleingeld hat, sollte diesen Hauptkanal mit einem *vaporetto*, einem Linienboot, befahren. Unterwegs passiert man hochherrschaftliche Residenzen und Kirchen aus Romanik, Renaissance und Barock. Ein Gebäude ist schöner als das andere. Immer wieder tauchen kleine Plätze und schmale Gassen auf, die in die Stadt hineinführen – in ein Labyrinth, in dem sich ohne Stadtplan nur gebürtige Venezianer zurechtfinden.

Mit der Gondel durch die Stadt
Der Gondoliere rudert das Boot mit einem langen Riemen durch die Kanäle lautlos an den alten Fassaden vorbei.

Die lauten Tagesgeräusche sind verstummt und es herrscht ein ganz besonderer Zauber, dem sich niemand entziehen kann. Denn verzaubert sind sie alle, die berühmten und weniger berühmten Besucher Venedigs. Wolfgang Amadeus Mozart, Henry James und Richard Wagner sind nur drei von zahllosen Künstlern, die in der Lagunenstadt eine Zeit lang lebten und arbeiteten.

Venedigs Geschichte beginnt, anders als man lange annahm, nicht erst mit jenen Römern, die sich, aus Angst vor den »Barbaren« aus dem Norden auf einigen Inseln der Lagune niederließen. Wie jüngere Forschungen ergaben, hatten auf diesen Inseln bereits Etrusker gelebt. Der große Siedlungsboom begann jedoch erst mit den römischen Flüchtlingen vom Festland. Sie fällten die Bäume in den damals noch dichten Wäldern auf der *terraferma* und rammten sie mit rudimentären Mitteln in den eher flachen Lagunengrund. Auf den dicht an dicht stehenden Stämmen errichteten sie dann ihre Häuser.

Am schönsten ist die Überfahrt vom Markusplatz auf die Insel San Giorgio Maggiore natürlich mit einer Gondel (oben). Der Doge mit dem Markuslöwen, der das neue Testament in seinen Pfoten hält: das traditionelle Symbol Venedigs (unten).

Die Bewohner der Lagune kamen aus der heute Venetien genannten Region. Diese Veneter gaben der neuen Siedlung den lateinischen Namen Venetia, woraus das italienische Venezia wurde.

Als die Dogen noch am Rialto residierten

Das Festland fiel im 8. Jahrhundert an die neuen Herrscher Norditaliens, die Langobarden. Venedig blieb jedoch der westlichste Außenposten des Byzantinischen Reiches und dessen Hauptstadt Konstantinopel, das heutige Istanbul.
Die Venezianer setzten keinen König an ihre Spitze, sondern einen Dogen. Ihm stand ein Rat aus Patriziern zur Seite, der, in Anlehnung an das Römische Reich, Senat hieß. Das Wort Doge stammt vom lateinischen »dux«, Führer, ab, einem Herrschaftstitel der römischen Antike. Die erste Residenz eines Dogen befand sich beim Rialto, dem »hohen Ufer«.
Die Dogen nutzten geschickt Venedigs strategische Lage zwischen Byzanz und dem Frankenreich, die sich um die rechtmäßige Nachfolge des römischen Kaisers stritten. Aufgrund günstiger Handelsver-

träge, die Venedig zum Vorteil gereichten, wurde mit den Jahrhunderten aus dem Zwergstaat in der Lagune die erste internationale Handelsmacht Europas. Bis zur Entdeckung Amerikas dominierte Venedig den Handel mit Asien und dem Orient und kontrollierte die Einfuhr von Gewürzen und anderen Luxuswaren nach Europa. Dieses Monopol bescherte Venedigs führenden Familien wahre Reichtümer in Dimensionen, dass selbst ihre Nachkommen – auch als die Stadt ihre wirtschaftliche Bedeutung verloren hatte – jahrhundertelang gut davon leben konnten.

Die gestohlenen Reliquien

Schon 828 fühlten sich die Venezianer so stark und mächtig, dass sie aus dem ägyptischen Alexandrien, das damals bereits muslimisch war, die Gebeine des Evangelisten Markus rauben ließen. Ihm zu Ehren errichtete man den Markusdom. Die Quadriga, die vier großen Schlachtrösser über dem Haupteingang der orientalisch anmutenden Kirche, stahlen sie aus Konstantinopel. Das hatte der Doge Enrico Dandolo, ein Abenteu-

Wie aus einer byzantinischen Kirche in Istanbul muten die Mosaiken im Markusdom an (links). Das beeindruckende Kircheninnere im schönsten Glanz (oben). Die spätrömische Quadriga raubten die Venezianer in Konstantinopel (Mitte). Die Kreuzigung Christi, ein spätantik wirkendes Mosaik auf goldenem Grund in der Markuskirche (unten).

35

rer und Eroberer, auf dem Vierten Kreuzzug gegen die »Ungläubigen« im Heiligen Land eingenommen – obwohl der orthodoxe Kaiser in der byzantinischen Hauptstadt ein Verbündeter des christlich-katholischen Europas war.

Dandolo und die anderen Dogen verfügten dank einer in ganz Europa einmaligen Institution über die besten und schnellsten Kriegs- und Handelsschiffe: die *arsenale* genannte Schiffswerft. Sie wurde 1104 errichtet und funktionierte nach einer Art Fließbandprinzip. In kürzester Zeit konnten hier Hunderte Schiffe gefertigt werden. Das Arsenal ist heute Hauptsitz der berühmten Kunstbiennale Venedigs, seine riesigen Räumlichkeiten werden zudem für Veranstaltungen im Rahmen der Biennale für Theater, Tanz und zeitgenössische Musik genutzt.

Kunstzentrum von europäischem Rang

Konstantinopels Fall 1453 bedeutete für die venezianischen Pfeffersäcke den Verlust von Handelsmonopolen im östlichen Mittelmeer an das Osmanische Reich. Aus dessen Hauptstadt flohen jedoch massenweise Gelehrte, Schriftsteller, Handwerker und Künstler in die Lagunenstadt. Die Einwanderer brachten einen unermesslichen Schatz an Wissen und Fertigkeiten mit, durch den Venedig schnell zu einem der bedeutendsten geistigen Zentren Europas aufstieg.

Durch seine Eroberung großer Gebiete auf der *terraferma*, dem Festland, verfügte Venedig über weites Land für Ackerbau und Viehzucht in Venetien, im Friaul und in der Lombardei. Der Adel ließ sich auf dem Festland prachtvolle Villen errichten, darunter von Stararchitekten wie Andrea Palladio.

Venedig war bis zu seiner politischen Auflösung 1797 durch Napoleon Bonaparte ein durch und durch ständischer Staat. Der Adel kümmerte sich um Politik und Handel. Ein reiches Bürgertum sorgte für Geldmittel und die Wertschöpfung durch die Produktion von Luxuswaren, wie den noch heute berühmten Glaswaren, und den Handel.

Tizians Himmelfahrt der Mutter Gottes ist der Höhepunkt in der großen gotischen Kirche Santa Maria Gloriosa di Frari (links). Orientalisch: die Fassade der Markuskirche (links). Die weltberühmte Rialtobrücke (oben). Rokokokostüme während des Karnevals im Café Florian (Mitte). Nachts ist der Markusplatz noch immer am zauberhaftesten (unten).

Blick von der Akademiebrücke Richtung Punta della Dogana (oben). Gemälde von Guardi im Museum des 18. Jahrhunderts in der Ca' Rezzonico (Mitte). Prächtig: die Empfangshalle des Hotel Danieli (unten). Wo früher die Takelagen der Galeeren gefertigt wurden, ist heute zeitgenössische Kunst zu sehen (rechts unten), ebenso im Palazzo Grassi (rechts oben).

La dolce vita alla veneziana

Ab dem 17. Jahrhundert galt Venedig als eine der ersten Adressen Italiens für kunstsinnige Aristokraten und Bürger. An Venedig kam niemand vorbei – nicht nur wegen des Karnevals, sondern auch wegen seiner ungemein reichen, vielfältigen Kunst- und Musikszene.

Obwohl die Stadt im 17. und 18. Jahrhundert einen wirtschaftlichen Niedergang erlebte, wurde sie, und zeitgenössische Autoren beschrieben es ausführlich, zur europäischen Hauptstadt des *dolce vita*, des süßen Lebens der Vergnügungen und Künste. Der Name Casanova steht für diese unbändige und skrupellose Vergnügungssucht.

Venedig wirkt auf jeden Besucher wie ein fantastisches Bühnenbild. Im 18. Jahrhundert besaß es eine aktive Musikszene, doch von den damals über 15 Opernhäusern, an denen die Werke von Antonio Vivaldi, Georg Friedrich Händel und Johann Adolph Hasse aufgeführt wurden, sind nur zwei übrig: das Teatro Malibran und das nach einem Brand im letzten Jahrhundert zerstörte und originalgetreu wieder aufgebaute Teatro La Fenice. Es zählt zu den renommiertesten Opernhäusern Italiens.

Ein Labyrinth voller Kunst

Der Besucher sollte sich von dem labyrinthischen Charakter der Stadt verführen lassen, seiner Nase und seinem Instinkt folgen und für Überraschungen offen sein. Immer neue Palazzi, Kirchen und Plätze, hübsche Lokale und zauberhafte Cafés und Geschäfte lassen sich auf diese Weise entdecken.

Venedigs Kirchen sind wahre Kunsttempel voller kostbarer Gemälde. Tintoretto,

Tizian, Vivarini … – die großen Maler der venezianischen Schule hinterließen Hunderte Werke, die jedem Museum zur Ehre gereichen würden.

Um den Luxus eines Adelspalasts live zu erleben, lohnt ein Besuch des Venezianischen Museums des 18. Jahrhunderts im barocken Palazzo Ca' Rezzonico. Hier kann man Möbel, Glaswaren, Kronleuchter, Gemälde und Schmuck bewundern und durch die Säle schreiten, ganz wie einst die Dogen.

Abseits ausgetretener Pfade ...

Das stille Venedig erkunden – eine echte Herausforderung! Man beginnt damit am besten in Cannaregio. Durch die Fondamente della Sensa geht es zum Sestiere Cannaregio: kleine Geschäfte und Lokale, alte Paläste und Kirchen, kein Rummel. Von hier aus starten Vaporetti zur romantischen Friedhofsinsel San Michele. Von dort nehme man das Schiff bis zur Isola San Giorgio mit Palladios zauberhafter Kirche. Der Blick über den breiten Kanal auf den Markusplatz ist umwerfend! Ebenfalls mit dem Vaporetto geht's weiter zur Giudecca-Insel, wo ein langer Spaziergang herrliche Blicke auf die Stadt eröffnet. Danach setzt man auf die andere Kanalseite über und spaziert zur barocken Chiesa della Salute und zum Museum für zeitgenössische Kunst, das die Spitze der Insel beherrscht. Der Blick auf den Dogenpalast bei Sonnenuntergang krönt den Ausflug.

Italiens Hauptstadt der zeitgenössischen Kunst

Venedig ist in den letzten Jahren zu einer der aktivsten italienischen Städte für zeitgenössische Kunst geworden.

Nicht nur wegen der alle zwei Jahre stattfindenden Kunst-Biennale: Der französische Milliardär François Pinault kaufte sich den Palazzo Grassi, einen der größten städtischen Barockpaläste, und zeigt darin Hauptwerke seiner immensen Sammlung. Zu sehen sind die Meister zeitgenössischen Kunstschaffens. Direkt gegenüber dem Markusplatz ist die Punta della Dogana, ein weiterer Ausstellungsort von Monsieur Pinault. In dem barocken ehemaligen Zollhaus kann man durch riesige Hallen wandeln, in denen riesige Kunstwerke prunken.

Moses soll Venedig retten

Im Jahr 1987 nahm die UNESCO Venedig in die Liste des Weltkulturerbes auf. Mit dieser Auszeichnung ist der italienische Staat zugleich aufgefordert, sich verstärkt nicht nur für die Rettung, sondern auch für die Restaurierung der von chronischen Hochwassern bedrohten Stadt einzusetzen.
In einigen Jahren wird das Projekt »Mose« einsatzbereit sein: der weltweit größte Schutzwall aus beweglichen Sperren. Er soll sämtliche Laguneneingänge vor Hochwasser aus der Adria schützen. Das Projekt ist jedoch unter Kunsthistorikern und Umweltschützern umstritten, verhindert es doch den natürlichen Austausch des Wassers der Lagune mit dem der Adria.
Da der italienische Staat nicht über die nötigen Finanzmittel verfügt und auch nicht dazu bereit zu sein scheint, Venedigs zahllose historische Bauwerke zu schützen, springen immer öfter ausländische Geldgeber ein. Stiftungen aus Europa und den USA finanzieren mit viel Geld die Restaurierung berühmter und weniger berühmter, aber kunsthistorisch bedeutender Paläste und Kirchen. Ohne ihre Hilfe wäre es um diese Monumente schlecht bestellt.
Man trägt sich nun mit dem Gedanken, eine Tourismussteuer einzuführen, damit die Stadt höhere finanzielle Mittel zur Verfügung hat, um sich selbst zu retten. Bislang konnte man sich dazu jedoch nicht durchringen.

ENTDECKUNGEN IN DER LAGUNE

Venedig liegt in einer Lagune mit einer Vielzahl kleiner und kleinster Inseln. Einige sind unbewohnt, auf anderen stehen uralte Kirchen, etwa auf Torcello oder Murano. Einige Inseln sind Naturschutzgebiete und ungemein romantisch.
Auf organisierten Bootstouren oder mit einem gemieteten Boot kann man durch dieses Naturparadies fahren. Es ist eine Entdeckungstour der besonderen Art mit kleinen urgemütlichen Lokalen und viel Ruhe, denn die Lagune ist jenseits der touristisch stark frequentierten Stadt Venedig eher ein Ort für Einsiedler.
Empfehlenswert ist die Einkehr in einen der zahlreichen Bacari. In diesen typisch venezianischen Lokalen verzehrt man im Stehen oder Sitzen kleine Häppchen und genießt lokale Weine. Der besonders berühmte Bacaro do Mori, San Polo 429, Rialto, ist urgemütlich und besitzt einem reichen Weinangebot.

WEITERE INFORMATIONEN

Bacaro do Mori, San Polo 429, Rialto, Tel. 041-5225401

Blick vom Turm der Kirche auf der Insel San Giorgio Maggiore über den Canal Grande zum Markusplatz. Bei gutem Wetter sind auch die schneebedeckten Alpen gut zu sehen.

6 Archäologische Stätten und die Basilika des Patriarchen von Aquileia

Wo sich einst Handelsstraßen kreuzten

Keine 4000 Einwohner, ein flacher Küstenstreifen direkt an der Adria – dass Aquileia einmal eines der wichtigsten Zentren des Römischen Reiches war, kann man heute nicht mehr glauben. Genau dies aber macht den romantischen und weltvergessenen Reiz des Ortes aus, der dank seines architektonischen Erbes und seiner Kunstschätze in das Welterbe aufgenommen wurde.

Eine kleine Stadt mit stolzen vier Namen: Das italienische L'Aquileia heißt Aquilee im Dialekt des Friauls, Aquileija oder Agley auf Deutsch und Oglej auf Slowenisch. Diese Vielzahl der Namen erklärt sich aus der enormen Bedeutung, die das heute winzige Städtchen Aquileia in der Spätantike und bis ins Mittelalter hinein hatte.

Römisches Handelszentrum

Gegründet wurde das heutige Aquileia im 2. Jahrhundert v. Chr. von einigen Tausend römischen Veteranen. Es entstand eine Militärkolonie, die aufgrund ihrer geografischen Lage am Schnittpunkt zwischen Süden, Norden und Osten zu einem der wichtigsten Verkehrs- und Handelszentren Nordostitaliens aufstieg und diese Rolle bis in das Mittelalter hinein beibehielt. Nordeuropäer, die über die Julischen Alpen nach Ostitalien kamen, erreichten auf ihrem Weg mit Aquileia die erste

große Stadt in Italien. Sie war schon in der Antike der Endpunkt der Bernsteinstraße aus Nordeuropa. Vom umfangreichen Handel mit Bernstein zwischen der Ostsee und Italien berichtet der aus dem Lateinunterricht bekannte römische Schriftsteller Plinius der Ältere.

Aquileia war in der Antike jedoch nicht nur wegen des Bernsteins berühmt, sondern auch für seine Werften, seine Glashütten und als Stadt der Eisenverhüttung. So verwundert es nicht, dass antike Persönlichkeiten wie Julius Cäsar, Kaiser Augustus, ja sogar Herodes, Kaiser Mark Aurel und Konstantin der Große der damals blühenden Stadt einen Besuch abstatteten.

Aufgrund seiner Lage an der östlichen Adria wurde Aquileia schon unter Mark Aurel als militärischer Stützpunkt gegen die sogenannten Barbaren im Osten Europas genutzt. Kaiser Aurel startete von hier aus seine Feldzüge gegen die Markomannen. Ihre exponierte Position

Aquileias erste Gotteshäuser entstanden im Frühchristentum. Im Mittelalter bauten die Bischöfe die Basilika stetig aus (oben); ihr Inneres prägen romanische Schlichtheit und Eleganz (unten). Von Aquileias antikem Forum Romanum zeugen noch viele Säulen (rechts unten). Mosaik vom Raub der Europa im archäologischen Museum (rechts oben).

machte die Stadt jedoch zu einem leichten Opfer für ihre Gegner: Im Jahr 452 wurde sie von Attillas Hunnen erobert und zerstört.

Hochburg des Christentums

Im spätrömischen Reich regierte Bischof Theodorus die Stadt und machte sie zu einem der wichtigsten geistigen Zentren des frühen Christentums. Ab 572 galt der Bischof von Aquileia als Patriarch und damit als einer der höchsten Kirchenführer nach dem Papst in Rom. Nach der Flucht der Bewohner der Stadt infolge der Hunneneinfälle wurde der Sitz des Patriarchats auf das Festland nach Grado verlegt. Der langsame Untergang der noch verbliebenen einstigen Handelsstadt war damit besiegelt. Der Hafen versandete, die Umgebung versumpfte. Mit dem politischen und wirtschaftlichen Aufstieg Venedigs ab dem 9. Jahrhundert war Aquileias Schicksal gänzlich besiegelt. Von seiner glorreichen Vergangenheit zeugt heute

vor allem der faszinierende Dom. Seine Größe und seine kunstvolle Ausgestaltung machen ihn zu einem der bedeutendsten mittelalterlichen Sakralbauten in Italien. Sein gewaltiges Bodenmosaik gehörte zu den beiden frühchristlichen Kirchenanlagen aus der Zeit um 314. Im gesamten Bezirk des Doms befinden sich ikonografisch reiche Mosaikböden, die erstaunlich gut erhalten sind. Sie zeigten unter anderem Tier- und Pflanzenmotive. Die Fresken in der Krypta gehören zu den wichtigsten Zeugnissen romanischer Wandmalerei in Italien. Besucher können in Aquileia auch Reste römischer Villen bewundern. Es handelt sich um die Ruinen einer ganzen Häusergruppe am Fondo Cossar, deren farbenprächtige antike Bodenmosaiken das archäologische Museum präsentiert. Auch andere antike Bauten existieren noch ansatzweise, beispielsweise die Fundamente des einstmals großen Flusshafens und des Forums und eine altrömische Nekropole.

43

7 Mantua und Sabbioneta

Wo man Traum- und Idealstädte besichtigen kann

Provinzstädte gewiss, aber so schön, dass sie zu den Perlen italienischer Architektur gehören. An ihnen sollte man nicht einfach vorbeifahren. Die kleine mittelalterliche Residenzstadt Mantua ist auf drei Seiten von Wasser umgeben. Das ebenfalls in der Lombardei gelegene Sabbioneta hingegen ist nicht einfach eine Kleinstadt, sondern die zu Stein gewordene Vision eines aufgeklärten Renaissancefürsten.

In Mantua erblickte der antike Dichter Vergil das Licht der Welt. In Italien lernt das jedes italienische Kind in der Schule, aber nur die wenigsten Italiener statten Mantua einen Besuch ab. Für Touristen ist das gut, denn das Städtchen mit weniger als 50 000 Einwohnern bietet dem Besucher eine Altstadt von ungewöhnlichem Reiz. Sie ist so perfekt erhalten, dass schon viele historische Filme auf ihren Plätzen, in ihren Straßen und Gassen gedreht werden konnten, ohne viele moderne Bauten verdecken zu müssen.

Kunstsinnige Gonzaga-Fürsten

Ab dem frühen 14. Jahrhundert regierte in Mantua die Familie Gonzaga, deren Herrscher von den römisch-deutschen Kaisern 1362 zunächst zu Grafen und dann zu Herzögen ernannt wurden. Das Adelsgeschlecht zählte zu den wichtigsten Verbündeten Kaiser Karls V. auf der Apenninen-Halbinsel. Das erklärt, warum die Gonzaga auch finanziell nicht schlecht bestellt waren und ganz groß

in Kunst und Kultur investieren konnten. Unter Markgraf Francesco II., er starb 1519, avancierte die Residenzstadt zu einer der wichtigsten Metropolen der italienischen Renaissancekunst. Die Gonzaga hatten den glanzvollen Höhepunkt ihrer Macht erreicht und beauftragten die bedeutendsten Künstler ihrer Zeit, ihre Stadt zu verschönern.

Die Residenz der Familie war der Palazzo Ducale. Der herzogliche Palast war mit seinen 450 Räumen und Sälen unverhältnismäßig groß für Mantua. Die Herrscherfamilie wollte damit aller Welt ihre Macht und Bedeutung demonstrieren. Die faszinierendsten Kunstwerke des Palastes sind die Fresken von Andrea Mantegna in der Camera degli Sposi, dem »Zimmer der Eheleute«. Im Jahr 1474 hatte man sie vollendet.

Die Gonzaga ließen zudem den Innenraum der Basilika aus dem 9. Jahrhundert von Giulio Romano modernisieren. Der Dom gilt als eines der Hauptwerke des Malers, der um 1540 in Mantua wirkte. 1470 beendete Leon Battista

Die Basilika Sant'Andrea in Mantua, eines der beeindruckendsten Bauwerke der italienischen Renaissance (oben). Sabbionetas gut erhaltenes Renaissancetheater wird noch immer genutzt (unten). Vom Wasser aus ist der Blick auf Mantua besonders schön (rechts unten). Erotische Wandmalereien im Apartment der geheimen Gärten im Palazzo Te (rechts oben).

Alberta die Basilika Sant'Andrea. Der große Architekturtheoretiker und Baumeister knüpfte wie Andrea Palladio an die strenge Klassizität antiker Vorbilder an und schuf mit dieser Kirche ein Hauptwerk der italienischen Renaissance.

Eine Stadt als Idee

Bahnbrechend und kunsthistorisch epochal präsentiert sich auch Sabbioneta. Es ist die architektonische Vision eines Herrschers, der sich nicht nur mit einem neuen Palazzo zufrieden gab: Vespasiano Gonzaga (1531 bis 1591) wollte gleich eine neue Stadt errichten. Der Herzog von Sabbioneta nutzte seine Erfahrungen als Festungsbaumeister, um eine ererbte Ortschaft zu einer Fürstenresidenz auszubauen, die in ihrer Art etwas ganz Neues darstellen sollte. Sabbioneta wurde als erste Stadtgründung der Hochrenaissance zwischen 1554 und 1571 als Idealstadt eines Herzogs errichtet, der sich, ganz im philosophischen Sinn der neuen Zeit, als das Zentrum der Welt begriff.

Man sollte sich genügend Zeit nehmen, um Sabbioneta zu Fuß zu erkunden. Das Städtchen wirkt ungemein reizvoll, verschlafen, provinziell und wie aus einer anderen Zeit. Innerhalb des fast komplett erhaltenen Stadtmauerrings stehen bedeutende Bauwerke, darunter der Palazzo Ducale mit kunstvoll gestalteten Holzdecken und lebensgroßen Pferdestatuen. Mit der Galleria degli Antichi, die Vespasiano Gonzagas Antikensammlung aufnahm, wollte der Herzog seine Adelskollegen im restlichen Italien blenden, mit 96 Metern Länge eine der längsten Renaissancegalerien Europas. Unbedingt sehenswert ist das Teatro all'Antica in Sabbioneta. Es stellt nicht nur das erste überdachte Theater Europas dar, das eigens für Aufführungen errichtet wurde, sondern ist zugleich auch eines der schönsten seiner Art. An antike Vorbilder erinnert oberhalb der wie in einem Amphitheater angeordneten Sitzreihen die Galerie mit ihren korinthischen Säulen, die von griechischen Götterskulpturen gekrönt wird. Mit dem Tod des Stadtgründers Vespasiano Gonzaga verlor dessen Familie das Interesse an Sabbioneta, und die Stadt verlor sowohl politisch als auch wirtschaftlich immer mehr an Bedeutung – vielleicht zu ihrem (architektonischen) Glück, blieb sie doch wahrscheinlich nur deshalb fast vollständig erhalten.

GIULIO ROMANOS VERMÄCHTNIS – DER PALAZZO DEL TE

Skurril wirkt er, der Palazzo del Te. Er wurde zwischen 1525 und 1535 von dem Maler und Baumeister Giulio Romano errichtet. Das Bauwerk besticht durch seinen elementaren, in jener Epoche bahnbrechenden Entwurf eines isoliert stehenden, viereckigen Gebäudes. Der relativ einfach gestaltete, schnörkellose und in seinen Zierelementen radikal reduzierte Bau ist eine Reaktion auf den überschwenglichen Formenreichtum der Hochrenaissance. Romano legte mit dem Palazzo del Te die Grundlagen des manieristischen Stils, aus denen das italienische Barock hervorging.

WEITERE INFORMATIONEN

Viale Te, 13 – 46100 Mantua
Im Palazzo ist auch ein Museum untergebracht, das Museo Civico di Palazzo Te.

In der Via Garibaldi in Genua reihen sich prächtige Palazzi aneinander (oben). Im Antica Sciamadda wird traditionelle ligurische Farinata zubereitet (Mitte). Historisches Firmenschild im Automuseum Carlo Biscaretti di Ruffia in Turin (unten). Turins Wahrzeichen: die Mole Antonelliana. Das als Synagoge geplante Gebäude beherbergt das nationale Filmmuseum (rechts).

Westliches Oberitalien

8 Val Camonica

Wo schon früh die Kreativität herrschte

Italientouristen, die mit dem Auto anreisen, machen fast nie einen Umweg in das malerische Tal Val Camonica bei Capo di Ponte in der Provinz Brescia. Ein großer Fehler, denn in diesem Tal befindet sich Europas größte Ansammlung prähistorischer Felszeichnungen. Diese in den Stein geritzte »Sixtinische Kapelle« aus der Steinzeit ist noch heute zu besichtigen.

Die unbekannten Künstler gehörten wahrscheinlich einem Volk an, das aus den Alpen stammte und sich vor langer Zeit im Val Camonica niederließ. Unter Experten nennt man diese Menschen Camuner. Ihre Siedlungsspuren reichen bis weit in das 4. Jahrtausend v. Chr. zurück.

In der Galerie der Petroglyphen, welche die Camuner der Nachwelt im Tal Val Camonica hinterließen, ähneln viele der dargestellten Menschen Strichmännchen, andere wiederum wirken mit ihren kleiderähnlichen Gewändern wie angezogen. Tiere erscheinen einem fast abstrakt und erinnern an Malereien aus der ersten Hälfte des 20. Jahrhunderts. Die häufigen Spiraldarstellungen dagegen stellen wahrscheinlich religiöse Symbole dar. Später entstandene Felsbilder zeigen Krieger und Tiere, die sich in ihrer Darstellungsweise deutlich voneinander unterscheiden lassen. Klar zu erkennen sind Schweine, Hunde und Hirsche, aber auch Waffen und immer wieder anthropomorphe Figuren.

Dreiecksmenschen und erotische Bilder

Ungefähr 300 000 Felsbilder, Zeichnungen und Gravuren im Stein schützt bei der kleinen Stadt Capo di Ponte der Nationalpark Naquane. Die Malereien stammen aus verschiedenen Perioden von der Altsteinzeit bis zur Eisenzeit. Am ältesten sind die anthropomorphen Darstellungen aus der ersten Periode der Felsbilder im Val Camonica. Sie entstanden zwischen 3500 und 2800 v. Chr. Zwischen 2800 und 2200 v. Chr. lassen sich hingegen die sogenannten Dreiecksmenschen datieren, die, so vermuten Prähistoriker, Menschen beim Tanzen darstellen. Darstellungen von Waffen und teilweise betont sexualisierten Menschen mit Waffen sind Werke aus der dritten Periode, die Prähistoriker im Zeitraum zwischen 2200 und 800 v. Chr. bestimmen.

Die ikonografisch eindeutigsten Petroglyphen wurden zwischen 600 und 16 v. Chr. geschaffen: Krieger und Reiter, Jagd- und Ackerbauszenen, Tiere

Vorzeitliche Krieger mit Waffen: Felsreliefs im Nationalpark im Val Camonica (oben). In Darfo Boario Terme schnitzen Handwerker moderne Holzreliefs (unten). Romantisches Städtchen mit historischen Gebäuden: Bienno im Val Camonica (rechts unten). Der Lago d'Iseo liegt malerisch zwischen grünen Ebenen und bewaldeten Bergen (rechts oben).

aller Art, Fußspuren, Speere und Schwerter und auch erste lateinische Inschriften sind darauf mühelos zu erkennen. Die exakte Jahreszahl 16 v. Chr. bezieht sich auf die Eroberung Norditaliens durch römische Truppen, ein Ereignis, das die Eingliederung des Val Camonica in das Römische Reich nach sich zog.

Rätselhafte Symbole und Spurensuche in Asien

Eine Besonderheit der Felsbilder sind die swastikaförmigen – also wie Hakenkreuze anmutenden – Symbole. Interessant ist hierbei vor allem, dass diese Symbole immer mit neun Punkten versehen sind. Die Zahl Neun war im Altertum und anscheinend auch schon zu prähistorischen Zeiten eine heilige kosmische Zahl. Immer wieder finden sich fünf dieser Punkte innerhalb und vier Punkte außerhalb der swastikaförmigen Darstellungen.

Kurioserweise sind eine ähnliche Anordnung und Aufteilung in Fünf und Vier auch von prähistorischen kosmischen Darstellungen in Asien und im westlichen Amerika bekannt. Ob jedoch möglicherweise Verbindungen zwischen den Völkern auf verschiedenen Kontinenten bestanden, ist aber mehr als fraglich und sicherlich unwahrscheinlich. Tatsache ist jedoch, dass die Felsbilder im Val Camonica einmalig in ganz Europa sind und nach wie vor viele Rätsel aufgeben.

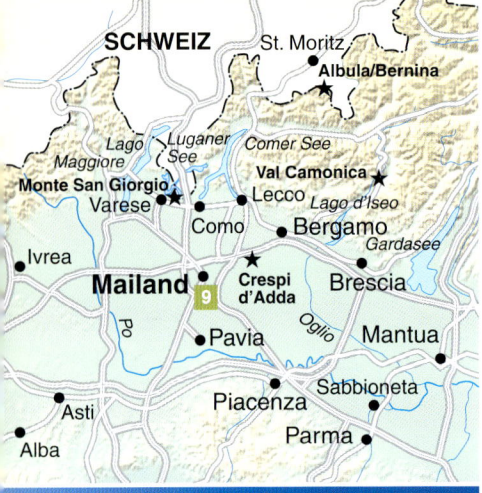

9 Leonardos Abendmahl in Mailand

Wo Italiens bekannteste Männergruppe zu Abend isst

Auf den ersten Blick sind viele Besucher enttäuscht, denn *Das letzte Abendmahl* von Renaissance-Genie Leonardo da Vinci hat unter den Jahrhunderten gelitten. Nimmt man sich jedoch Zeit und gewöhnt sich erst einmal an die Beleuchtung in der Kirche, in der das große Wandbild zu sehen ist, erkennt man das Besondere dieses Freskos, seine ungewöhnlich lebhafte und reiche Formensprache und Farbgebung. Es ist ein einmaliges Meisterwerk sakraler Kunst.

Mailands Dom ist das größte gotische Gebäude Italiens. Direkt daneben liegt die Gründerzeit-Einkaufspassage Galleria Vittorio Emanuele II (oben). Radeln vor großartiger Kulisse: die Santa Maria delle Grazie (unten). Leicht verblichen, aber immer noch faszinierend: das berühmte *Letzte Abendmahl* (rechts unten). Chef Elio Sirone vom »Bulgari« (rechts oben).

Was gleich auffällt: Leonardo da Vinci (1452 bis 1519) schuf an der Nordwand des Refektoriums der Kirche Santa Maria delle Grazie in Mailand nicht einfach nur ein Kunstwerk, das den Betrachter aufgrund seiner umwerfenden Maltechnik fesselt. Auch wer kein Kunstexperte ist, erkennt sofort, dass der Maler hier ein äußerst ungewöhnliches Bild geschaffen hat. Das religiöse Sujet des letzten Abendmahls Christi mit seinen Jüngern wirkt unglaublich realistisch. Die Dargestellten sind keine weltfernen Heiligen, sondern Männer ihrer Zeit, so wie Leonardo sie in Mailand auf der Straße traf. Schon allein, dass er auf die Darstellung von Heiligenscheinen verzichtete, war ein Bruch mit der damals allgemein vorherrschenden Maltradition.
Bahnbrechend ist auch die Positionierung der Akteure auf dem Bild. Leonardo gruppiert die einzelnen Apostel in vier Teileinheiten, die auf unterschiedli-

che Weise auf Christi Enthüllung »Einer von euch wird mich verraten« reagieren. Gleichzeitig isoliert er den Verräter Judas. Diese ausgeklügelte Bildgestaltung hat zu zahlreichen und langen Debatten ganz im Stil des US-amerikanischen Autors Dan Brown darüber geführt, ob und wenn ja, welche Theorien Leonardo in seinem Fresko versteckte. Bis jetzt hat die Kunstgeschichtsforschung jedoch keine eindeutigen Hinweise auf mysteriöse Geheimnisse finden können, die Leonardo möglicherweise in seine Darstellung des Abendmahls eingebaut hat.

Ein magisches Bild
Die einzelnen Figuren des 422 mal 904 Zentimeter großen Freskos sind alle in unterschiedlichen Körperhaltungen dargestellt. In einer Handschrift beschreibt Leonardo die einzelnen Personen des Bildes: »Einer, der gerade trinken wollte, aber den Becher auf sei-

nem Platz stehen ließ und den Kopf dem Erzählenden zuwandte … Ein anderer, mit offenen Händen, hebt die Schultern gegen die Ohren und öffnet den Mund vor Erstaunen …«. Das Bild zeigt 13 Männer, die zu Abend essen, eine gleichsam alltägliche Szene. Christus und seine Apostel werden auf diese Weise dargestellt wie reale, ganz normale Menschen.

Bei der Ausführung seines in aufwendigen Vorskizzen entworfenen Wandbildes entschied sich Leonardo dazu, Ölfarben zu verwenden – und das war ein schwerer Fehler, wie sich später herausstellen sollte. Die Mauer, auf der er malte, war und blieb nämlich feucht, und die von ihm benutzten organischen Farben erwiesen sich schon bald als zu empfindlich. Noch zu Lebzeiten des Künstlers erlitt das Bild daher erhebliche Schäden durch feine Risse, und Jahre später blätterte die Farbe gar auf großen Teilflächen einfach ab.

Vom Pferdestall zum klimatisierten Ausstellungsraum

Nichtsdestotrotz faszinierte das Bild gleich nach seiner Fertigstellung. Der französische König Franz I. war so begeistert, dass er es nach Frankreich mitnehmen wollte. Dies erwies sich jedoch als nicht realisierbar.

Napoleon, ein anderer Franzose, funktionierte das Refektorium zu einem Pferdestall um. Dies bekam dem hochsensiblen Kunstwerk gar nicht gut. Wie durch ein Wunder blieb Leonardos Fresko während der schweren Bombenangriffe im Zweiten Weltkrieg unversehrt.

In den letzten Jahren wurde *Das letzte Abendmahl* aufwendig restauriert. Um die Luftfeuchtigkeit möglichst niedrig und die Staubpartikel möglichst gering zu halten, werden heute pro Stunde nur noch hundert Personen in den Raum gelassen, in dem es zu bewundern ist. Seit 1980 gehört Leonardos Werk zum UNESCO-Welterbe.

RESIDIEREN UND GENIESSEN

Mailand ist die Stadt der Mode und des Luxus, und wer es sich erlauben kann, sollte deshalb gerade hier herrschaftlich residieren – die Auswahl ist entsprechend groß. Besonders reizvoll ist im Modeviertel das Hotel Four Seasons in einem ehemaligen Renaissancekloster mit Garten und viel Ruhe. Cooler präsentiert sich das Hotel Bulgari ganz in der Nähe des gotischen Doms.

Zum Essen sollte man unbedingt in das Traditionsrestaurant Sadler einkehren. Hier verwandelt Chef Claudio Sadler die klassische italienische Küche auf so raffinierte Weise, dass selbst kritische Feinschmecker hingerissen sind.

WEITERE INFORMATIONEN

Four Seasons, Via Gesù 6/8, Tel. 02-770 88, www.fourseaons.com/milan
Bulgari, Via privata Fratelli Gabba 7/b, Tel. 02-80 50 51, www.bulgarihotels.com
Sadler, Via Ettore Troilo 14, Tel. 02-58 10 44 51, www.sadler.it

Da staunt man: Saurierreste im Stein, zu besichtigen im Fossilienmuseum in Meride (oben).

10 Monte San Giorgio

Wo Erdgeschichte Gegenwart wird

Der Monte San Giorgio im südschweizerischen Kanton Tessin ist ein weltberühmtes Paradies für die Liebhaber vorgeschichtlicher Fossilien. Was jedoch nur die wenigsten wissen: Ein Teil dieses Berges gehört zum benachbarten Italien. Und die Italiener sind mächtig stolz auf ihren Anteil an diesem steinernen Schatz!

Der Monte San Giorgio erhebt sich rund 1100 Meter hoch zwischen Porto Ceresio und Riva San Vitale am südlichen Ufer des Lago di Lugano. In keiner anderen Landschaft, weder in der Schweiz noch in den Alpen, findet man auf so engem Raum eine so große Anzahl so gut konservierter Fossilien. Die zahllosen Versteinerungen entstanden in der erdgeschichtlichen Epoche der Trias vor rund 200 Millionen Jahren. Damals bildete dieser Teil der Alpenvorberge das bis zu 100 Meter tiefe Becken eines subtropischen Meeres. Hier starben Insekten, Meereskriechtiere, Fische und Wirbellose in rauen Mengen und versteinerten so perfekt, dass die Funde am Monte San Giorgio heute zu den interessantesten der Welt gehören.

11 Modellsiedlung Crespi d'Adda

Wo man sich um die Arbeiter sorgte

Die Industrialisierung erreichte Italien erst Ende des 19. Jahrhunderts. Einige Unternehmer aus Norditalien sahen darin die Chance, bestimmte Fehler, die man in Nordeuropa beging, zu vermeiden – so auch der Textilunternehmer Cristoforo Benigno Crespi. Damit seine Arbeiter unter menschenwürdigen Bedingungen leben konnten, schuf er eine für Italien beispiellose Modellstadt.

Der Friedhof in Crespi d'Adda (oben) birgt auch zahlreiche Skulpturen (rechts).

Im Jahr 1877 erwarb der Textilunternehmer Cristoforo Benigni Crespi 85 Hektar Land von den lombardischen Ortschaften Capriate San Gervasio und Canonica d'Adda. Er verfolgte ein für seine Zeit ungewöhnliches Projekt: Ganz im Sinne eines positiv-paternalistischen Prinzips wollte er humane Arbeits- und

Wohnorte schaffen und so seine Arbeiter und Angestellten motivieren, noch mehr, besser und vor allem glücklich für ihren Dienstherrn zu arbeiten. Auf diese Weise exerzierte man betriebsinterne Sozialpolitik am Ende des 19. Jahrhunderts auf vorbildliche Weise.

Anders als bei FIAT in Turin

Der Architekt Ernesto Pirovano und der Ingenieur Pietro Brunati entwarfen für Crespi eine sogenannte *company town*. Die umfassend ausgestattete Betriebssiedlung war vorbildlich für ganz Italien und bot den Arbeitern ganz andere, neue und bessere Lebensbedingungen als etwa die traurigen und heruntergekommenen Arbeitersiedlungen in Turin. Dort waren Heerscharen von süditalienischen Auswanderern untergebracht, die bei FIAT Arbeit gefunden hatten. Crespi hatte für seine Arbeiter anderes im Sinn. Seine Fabrikstadt wurde im damals ungemein modischen Liberty-Stil, wie man in Italien den Jugendstil nennt, erbaut und umfasste neben den eigentlichen Fabrikbauten großzügige Wohnhäuser für Arbeiter und Angestellte, die mit allem damals verfügbaren Komfort ausgestattet waren. Die Betriebssiedlung umfasste Grünanlagen, eine Kirche, eine Schule, einen Friedhof, ein Krankenhaus und sogar ein eigenes Theater sowie ein Hallenbad.

Glücklich in schöner Umgebung

Ein Vorbild für Crespis Arbeitersiedlung waren die *company towns*, die damals bereits in Norditalien bestanden. Die meisten dieser Fabrikstädte existieren heute nicht mehr oder nur noch in Teilen. In Crespi d'Adda hingegen ist

jedoch fast die gesamte Anlage erhalten geblieben. Auffällig ist hier auch die kunstvolle Gestaltung sämtlicher Bauwerke, sogar der Fabrikschornsteine. Der Unternehmer Benigni Crespi war davon überzeugt, dass eine schöne Umgebung Menschen glücklicher arbeiten lässt und war damit seiner Zeit weit voraus. Einen Besuch wert ist auch der Friedhof der Ortschaft. Dort führt eine Allee zu einer dominierenden Pyramide mit einer großen Treppe. In dieser Gruft liegen der Ortsgründer und seine Familie begraben. Rund um den Friedhof mit den zahlreichen Gräbern verläuft eine Mauer. Sie war für Cristoforo Benigni Crespi das Sinnbild einer freundlichen Umarmung, die der Patron seinen Arbeitern und Angestellten gewährt. Leider machte der Friedhof in den letzten Jahren negative Schlagzeilen: Die größte italienische Satanssekte, die »Bestien Satans«, soll nachts auf dem Friedhof schwarze Messen abhalten.

Vor dem Abriss bewahrt

Um ein Haar wäre die einmalige Modellsiedlung in den 1990er-Jahren fast dem Erdboden gleichgemacht worden. Aufgebrachte Bürger retteten schließlich ihre Stadt, indem sie bei der UNESCO in Paris um Aufnahme in die Liste des Weltkulturerbes baten – und zwar mit Erfolg! 1994 war es schließlich so weit: Die UNESCO ehrte die *company town* als schützenswertes Kulturdenkmal. Heute zählt der Ort zu den am wenigsten besuchten UNESCO-Welterbestätten in Italien, und das ist völlig unverständlich: Schließlich ist Crespi d'Adda in ganz Italien noch immer einmalig und ein großes Vorbild.

RAFFAEL UND CANALETTO IN BERGAMO

20 Kilometer nordöstlich von Crespo d'Adda liegt Bergamo, eine der wichtigsten historischen Städte der Lombardei. Hier begeistert ein an Kunstdenkmälern reiches Stadtzentrum. Die Accademia Carrara zum Beispiel bietet eine reiche Pinakothek mit Meisterwerken von Bellini und Mantegna, Raffaello, Tiepolo, Canaletto und anderen. In der Galleria dell'arte moderna e contemporanea sind Werke moderner und zeitgenössischer Künstler zu sehen, etwa von Giorgio Morandi, Wassily Kandinsky und Gerhard Richter.

WEITERE INFORMATIONEN

www.turismo.bergamo.it

Eisblaue Bergseen, schneebedeckte Massive: Eine Fahrt mit der Rhätischen Bahn ist ein unvergessliches Erlebnis (oben). Los geht es in Tirano, italienischer Endpunkt der Strecke und Ende der Berninalinie (unten). Zugidylle im Kanton Graubünden, im Hintergrund die Berninagruppe (rechts unten). Typische Tracht in Poschiavo (rechts oben).

12 Rhätische Bahn

Wo man auf Schienen Serpentinen fährt

Sie führt zwar fast ausschließlich durch die Schweizer Bergwelt, aber einer ihrer beiden Endpunkte liegt in Italien. Die Rhätische Bahn ist vielleicht Europas schönste, sicherlich aber am höchsten gelegene Eisenbahnstrecke. Sie führt über tiefe Täler und an gewaltigen Bergmassiven vorbei.

Tirano liegt im italienischen Valtellina-Tal. Ein kleiner Ort direkt bei der Schweizer Grenze. Ein Urlaubszentrum sommers wie winters, das schon in der Vorgeschichte bewohnt war, Felszeichnungen beweisen es. Von Tirano aus startet die Rhätische Bahn. Eine Schweizer Bergbahn, die zu einem kleinen Stück all'italiana verläuft. Das Schienennetz führt über den berühmten Bergort St. Moritz nordwärts bis nach Thusis. Die Rhätische Bahn verbindet mit ihren verschiedenen Streckenabschnitten den größten Teil der Schweizer Alpen miteinander. Die Bernina-Linie beginnt im italienischen Tirano, rund 430 Meter über dem Meeresspiegel.

Hinter Tirano geht es schnell bergauf, durch eine Berglandschaft mit zunächst italienischen Ortsnamen. Poschiavo liegt bereits auf 1014 Metern Höhe. Der Bahnhof Ospizio Bernina befindet sich auf 2253 Metern Höhe und ist am höchsten gelegen. Bei gutem Wetter ist die Aussicht im wahrsten Sinne des Wortes umwerfend. Während draußen aufgrund der Höhenmeter eisige Kälte herrscht, sitzt der Reisende im komfortablen Zug

im Warmen und schaut sich das Alpenspektakel durch die Panoramafenster an. Weiter geht es auf 2000er-Höhe, man passiert die Bahnhöfe Bernina Lagalb, Bernina Diavolezza und Bernina Suot. Dann, langsam, fährt man ein wenig bergab bis nach St. Moritz, das aber immerhin noch 1774 Meter hoch liegt. Von dem mondänen Winterkurort aus geht es über die Albula-Strecke nach Thusis, das auf bescheidenen 697 Metern Höhe liegt. Auch wenn die Gleise hier von 1773 Metern beständig Richtung Tal verlaufen, ist die Gebirgslandschaft wunderschön, und zwar nicht nur im Winter, wenn alles weiß ist, sondern auch im Frühling, wenn die Matten blühen.

Die Bernina-Linie wurde im Jahr 1910 vollendet. Sofort sorgte diese Eisenbahn international für Aufsehen, nicht nur unter Reisenden. Für den Bau der beiden Eisenbahnstrecken zogen die Schweizer bekannte Fachleute zu Rate. Zu ihrer Zeit galt die Bahn als ein technisches Meisterwerk. Zu einem UNESCO-Weltkulturerbe ist sie auch deshalb geworden, weil die Ingenieure wahre

Wunder vollbrachten, um die zahlreichen Brücken und Kehren zu bauen. Die Rhätische Bahn fährt den schönsten Teil der Schweizer Alpen ab. Zu sehen gibt es weltbekannte Berge, zum Beispiel den 3901 Meter hohen Piz Palü im Kanton Graubünden. Diesen Berg machte der Film *Die weiße Hölle vom Piz Palü*, der 1929 gedreht wurde, in ganz Deutschland berühmt.

Das Angenehme einer Fahrt mit der Rhätischen Bahn: Der Fahrgast kann seine Bergreise immer wieder unterbrechen, wo es ihm gerade gefällt, und einfach später weiterfahren.

Die ersten Streckenabschnitte der Rhätischen Bahn entstanden Anfang des 20. Jahrhunderts, in einer Zeit, in der die Schweiz zu einem der beliebtesten Ferienziele Europas wurde. Vor allem für jene eleganten Kurgäste, die in einer Epoche, als es noch keine Tuberkulosemedikamente gab, zur Frischluftbehandlung in die Kur geschickt wurden. Wie Thomas Mann es in seinem Roman *Der Zauberberg* beschrieben hat.

Anfangs wurden beide Streckenabschnitte mit Dampfloks befahren. Heute ist das (leider) nicht mehr so. Die Streckenführung ist von touristischen Zielen und Aussichtspunkten bestimmt. Eine zukunftsweisende Entscheidung, denn noch heute, in Zeiten der Flugzeuge und moderner Medien, vermittelt die Rhätische Bahn ein optisches Erlebnis von ungemein großem Reiz.

13 Sacri Monti

Wo den Wanderer der Heilige Geist umgibt

Den Volksglauben erwandern – im Piemont und in der Lombardei ist dies möglich: Auf Kreuzwegen, die seit dem 16. Jahrhundert existieren, fast komplett erhalten sind und von Einheimischen auch heute noch besucht werden. 2003 nahm die UNESCO neun »Heilige Berge« in das Weltkulturerbe auf. Ein Ausflugsziel nicht nur für fromme Pilger.

Die Basilica Sacro Monte di Varallo ist das Zentrum dieses interessanten Kreuzwegs mit den lebensgroßen Skulpturen und Fresken (oben). Die Kapelle Nummer 29 erzählt auf Wandfresken die Geschichte Jesu bei Herodes (rechts unten). Dampfbootfahrt auf dem Comer See. Ankunft im traditionellen Kurort Menaggio (rechts oben).

Die Sacri Monti, die »Heiligen Berge«, waren ursprünglich als Alternativen zu Jerusalem und anderen Stätten im Heiligen Land vorgesehen. Diese Orte im Nahen Osten waren ab dem 15. Jahrhundert als Pilgerziele nicht mehr zugänglich. Seit Langem im Herrschaftsgebiet von Muslimen gelegen, war das Pilgern dorthin so gut wie unmöglich, auf jeden Fall aber lebensgefährlich geworden. Darum suchte man nach Alternativen.

Aus diesem Grund schuf man die »Heiligen Berge«. Es waren Franziskanermönche, Mitglieder jenes Ordens, der sich noch heute um die heiligen Stätten in Palästina kümmert, die drei alternative Pilgerstätten auswählten: im italienischen Varallo in Valsesia, in Montaione in der Toskana und in Braga im nördlichen Portugal.

Ziel war die Errichtung eines symbolischen neuen Jerusalems, da das originale ja nun nicht mehr erreichbar war. Der Heilige Berg von Varallo wurde nach dem Konzil von Trient (1545 bis 1563) zum Paradebeispiel dieser neuen Pilgerorte. Er sollte zum Vorbild für andere Wallfahrtsstätten dieser Art werden.

Heiliges Land en miniature

Für den heutigen Besucher ungemein reizvoll: Die Grundidee des Heiligen Berges von Varallo ist auch heute noch zu sehen. Er sollte in groben Zügen und in kleinem Maßstab die Geografie Palästinas, des Heiligen Landes, etwa zur Zeit Christi nachbilden. Dafür nutzte man bei Varallo ein hügeliges Gebiet. Von der Kirche finanziert, errichtete man zahllose Kapellen mit lebensgroßen Figuren. Diese sakralen Stätten sind nahezu komplett mit Szenen aus der Bibel ausgemalt. Der Gesamteindruck ist gewaltig. Im 17. Jahrhundert erhielt der Heilige Berg von Varallo im Zeichen der Gegenreformation eine neue theologische Stoßrichtung. Nun wurden nicht mehr nur generell biblische Szenen, vor allem aus dem Neuen Testament, mithilfe von Skulpturen und Wandmalereien präsentiert. Fortan stand die Passion Christi im Vordergrund der ikonografischen Darstellungen.

Landschaftsgarten mit 45 Kapellen

Heute präsentiert sich der Heilige Berg von Varallo wie ein elegant angelegter Landschaftsgarten mit 45 komplett erhaltenen und restaurierten Kapellen, die über einen bequemen Fuß- und Pilgerweg erwandert werden können. Die höchste Stelle dieses Weges nimmt symbolisch die Darstellung Jerusalems ein. Weitere »Heilige Berge«, die zum Welterbe der UNESCO gehören, befinden sich in Italien am Lago d'Orta, in Serralunga di Crea, in Biella, Valperga, Ghiffa, Domodossila, Varese und Ossuccio. Einer der schönsten Monti Sacri ist der Heilige Berg des Rosenkranzes bei Varese. Die Arbeiten für den rund zwei Kilometer langen Pilgerweg begannen 1604. Dank zahlreicher Schenkungen frommer Bürger fiel die künstlerische

Ausgestaltung der einzelnen Kapellen reich aus. 1698 waren die Arbeiten an diesem Heiligen Berg abgeschlossen. Die Kapellen, die kleinen Triumphbogen und die vielen Brunnen sind alle im Stil des ikonografisch aufwendig gestalteten Manierismus gehalten, einer Kunstform zwischen Renaissance und Barock. Der Monte Sacro bei Varese ist ein hervorragendes Beispiel für den Kunststil, der damals in Mailand entstand.

Am besten besucht man die Heiligen Berge entweder frühmorgens oder am späten Nachmittag, also bevor die Pilgerbusse aus der Umgebung ankommen oder nachdem sie wieder abgefahren sind. Dann kann man den ganzen Zauber dieser reizvollen und in Jahrhunderten entstandenen Mischung aus sakraler Architektur und Natur ungestört und in aller Ruhe genießen.

EINE FAHRT UM DEN COMER SEE

Der Comer See mit seinen kleinen Ortschaften und historischen Villen ist seit einigen Jahren zum internationalen VIP-Treffpunkt geworden – nicht nur George Clooney lebt hier. Davon zeugen auch die eleganten Hotelpaläste in den historischen Ferienorten Bellaggio, Tremezzo und Menaggio. Das Grand Hotel Menaggio unweit von den Sacri Monti bei Lenno verbindet die Eleganz vergangener Zeiten mit modernstem Komfort und wartet mit einem beheizten Pool und umwerfender Aussicht auf. Im Hotelrestaurant werden italienische Klassiker serviert.

Einen Besuch wert sind außerdem Como mit seinen vielen Geschäften und dem Renaissancedom und natürlich der Luganer See nahe Varese.

WEITERE INFORMATIONEN

Menaggio, Grand Hotel Menaggio, Via 4 Novembre 77, Tel. 034-43 06 19, www.grandhotelmenaggio.com www.lagodicomo.com

14 Residenzen des Hauses Savoyen in Turin und Umgebung

Wo man um die Wette baute

Nicht nur Ludwig XIV. baute ein Schloss nach dem anderen. Um es dem berühmten und reichen Verwandten in Frankreich gleichzutun, errichteten die Savoyer Schlösser, ohne auf die Kosten zu achten. Auf diese Weise entstanden 14 traumhaft schöne Residenzen. Nachdem einige dieser Paläste lange Jahre reichlich vernachlässigt worden waren, erstrahlen heute fast alle wieder in altem Glanz.

Die reine Schlossfläche beträgt 80 000 Quadratmeter, 250 000 Quadratmeter misst die komplette Gebäudefläche mit allen Anbauten für Personal, Pferde usw., und 800 000 Quadratmeter nehmen Park und Garten ein – um 2011 anlässlich des 150. Jubiläums der italienischen Staatsgründung brillieren zu können, investierte der italienische Staat in die Restaurierung der Venaria Reale stolze 280 Millionen Euro. Eine Restaurierung der Superlative, die man in Italien nur selten erlebt. Das Schloss bei Turin kann nun besichtigt werden, und alle, die kommen, staunen. Die Venaria ist das größte Schloss des königlichen Hauses Savoyen. Sie wurde in nur wenigen Jahren, von 1658 bis 1679, nach Entwürfen des Architekten Amadeo di Castellamonte und im Auftrag von Herzog Karl Emanuel II. als – man kann es angesichts ihrer riesigen Ausmaße kaum glauben – Jagdschloss erbaut. Im Inneren beeindruckt beson-

ders die Galleria Grande. Die ungemein elegante »Große Galerie« mit ihren Weiß- und Cremetönen braucht den Vergleich mit den Räumlichkeiten des Sonnenkönigs nicht zu scheuen.

Frankreichs Konkurrenz

Und genau dies war die Absicht der Herrscher des Piemonts, das zwischen dem mächtigen Frankreich, dem Reich der Habsburger und dem in zahllose Kleinstaaten zersplitterten Italien gelegen war. Gegenüber diesen Nachbarn wollten die Savoyer auftrumpfen. Dass sie für die Nebenkosten ihrer Schlösser schon bald nicht mehr aufkommen konnten, ist ein anderes, trauriges Kapitel, das heute jedoch schon wieder vergessen ist. Denn die Region, aus unbegreiflichen Gründen immer noch kein führendes Reiseziel in Italien, investierte großzügig in die Restaurierung der Schlösser. Sie sollen Kunstfreunde in das Piemont locken.

Offiziell ist Stupinigi ein Jagdschloss, seine Dimensionen entsprechen jedoch denen eines prächtigen Palasts (oben). Königliche Wohnung im Palazzo Venaria, einem der schönsten Paläste Italiens (unten). Das Castello del Valentino steht mitten in Turin in einem städtischen Park (rechts unten). Der Palazzo Reale in Turin war die Stadtresidenz der Savoyer (rechts oben).

Ein anderes, sehr elegantes Schloss der Savoyer steht mitten in Turin. Der Palazzo Madama ist ein Meisterwerk des bevorzugten Baumeisters der Savoyer im 18. Jahrhundert, Filippo Juvarra. Die dreiteilig gestaltete Fassade mit dem von Säulen dominierten Hauptteil des Palazzo erinnert eher an französische Schlösser als an italienische Palazzi. Ein Höhepunkt ist Juvarras Prunktreppe, die zu zwei Stockwerken führt.

Den Palazzo Madama hat man in den letzten Jahren komplett restauriert, und auch das renommierte Museum für alte Kunst, seit 1934 im Stadtschloss zu Hause, wurde nach museumspädagogischen Prinzipien neu gestaltet.

Eine der schönsten Schlosstouren Italiens

Architektonisch ungewöhnlich und an einen barocken englischen Herrensitz erinnernd präsentiert sich das Castello Reale von Racconigi. Geradezu exzentrisch wirkt sein Hauptgebäude mit den versetzten Baukörpern, dem pagodenartigen Dach und der breiten Freitreppe, die zum mit Säulen geschmückten Haupteingang hinaufführt.

Das ursprüngliche Gebäude des Schlosses stammt aus dem Mittelalter. Es wurde im späten 17. Jahrhundert und im frühen 19. Jahrhundert erweitert und zu dem Lustschloss umgebaut, als das es sich heute präsentiert. Nach der Einigung Italiens 1861 nutzten die Savoyer, nunmehr das Königshaus des ganzen Landes, das Schloss im heimatlichen Piemont als Sommerresidenz.

Zum Weltkulturerbe der UNESCO zählen jedoch noch weitere Schlösser der Savoyer: In Turin der Palazzo Reale, der Palazzo Carignano, das Castello del Valentino sowie die Villa della Regina und in Nichelino das riesige Jagdschloss Stupinigi, des weiteren das Castello di Rivoli, in dem heute eines der interessantesten italienischen Museen für moderne und zeitgenössische Kunst untergebracht ist, das Castello Ducale von Agliè, das Castello di Pollenzo in Bra und das Castello di Govone. Sowohl architektonisch als auch in ihrer künstlerischen Ausgestaltung unterscheiden sich diese Bauwerke erheblich. Nehmen Sie sich vier oder fünf Tage Zeit, um sie auf einer der schönsten Schlosstouren Italiens kennenzulernen.

RESIDIEREN UND GENIESSEN

Turin hat in Sachen Kunst und Architektur viel zu bieten, etwa barocke Schlösser und Kirchen sowie reich ausgestattete Museen. Der Dom bewahrt eine der wichtigsten Reliquien der katholischen Kirche: das Turiner Grabtuch, auf Italienisch Sacra Sidone genannt. Turins Ägyptisches Museum ist nach dem Nationalmuseum Kairo das weltweit größte seiner Art.

Wohnen sollte man in Turin neben der ehemaligen FIAT-Fabrik in dem von Stararchitekt Renzo Piano entworfenen Hotel Le Meridien Art+Tech. Das sicherlich schönste Restaurant ist das »Cambio« mit seiner 250 Jahre alten Einrichtung, der wohl beste Gourmettempel ist das »Vintage 1997«.

WEITERE INFORMATIONEN

Le Meridien Turin Art+Tech, Via Nizza 230, Tel. 011-664 20 00, www.starwoodhotels.com/lemeridien
Del Cambio, Piazza Carignano 2, Tel. 011-54 37 60, www.thi.it/hotels/ristorante-del-cambio/ristorante.html
Vintage 1997, Piazza Solferino 16/h, Tel. 011-53 59 48, www.vintage1997.com

Im Palazzo Madama im Herzen Turins ist heute ein Museum mit einer bedeutenden Pinakothek untergebracht. Der Palast wurde erst vor wenigen Jahren komplett restauriert.

15 Le Strade Nuove und Palazzi dei Rolli in Genua

Wo die Prachtstraßen die Visitenkarten waren

Genua gehört zu Italiens verschmähten Städten. Vom Tourismus verschmäht. Vor allem vom ausländischen. Dabei bietet die Hafenstadt an der Ligurischen Küste nicht nur das wahrscheinlich flächenmäßig größte mittelalterliche Stadtzentrum Italiens, sondern auch Paläste, die zu den schönsten und prächtigsten in ganz Europa gehören.

Jahrhundertelang waren die Dogen von Genua im Mittelmeer die ganz großen Konkurrenten ihrer Kollegen in Venedig. Genua und Venedig waren Seerepubliken, die von gewählten Oberhäuptern regiert wurden. Handels- und Erbadel gaben den Ton an und schmückten die Stadt mit Kunst und Bauwerken. Genuas Pech war, dass es auf dem Festland errichtet und somit im Lauf der Zeit, anders als in der Wasserstadt Venedig, umgebaut und modernisiert wurde. Doch trotz dieser Entwicklung blieb so viel historische Bausubstanz erhalten, dass die ligurische Metropole nach wie vor zu den prächtigsten Kunststädten Italiens zählt.

Auch wenn die Republik Genua keinen König, sondern einen Dogen hatte, heißt der rote Palast Palazzo Reale (oben). Im barocken Innenhof des Palazzo Ducale in Genua (unten). Paläste und Patrizierhäuser in Genuas Prachtstraße Via Garibaldi; sie wurden vor einigen Jahren komplett renoviert (rechts).

Straßen als Freilichtmuseen

In Genua erklärte die UNESCO einige Straßenzüge und Palazzi zum Weltkulturerbe. Das heißt nicht, dass der Rest der Stadt weniger interessant ist. Die Strade Nuove und die dortigen Palazzi dei Rolli sind jedoch so perfekt erhalten, dass sie die Auszeichnung aus Paris mit Fug und Recht verdienen.

An den berühmten Strade Nuove – Via Balbi, Via Garibaldi und Via Caioroli – stehen herrliche Adelspaläste und Patrizierhäuser, die in den letzten Jahren komplett restauriert wurden. Zusammen mit den Palazzi dei Rolli sind sie eindrucksvolle Zeugnisse von Genuas kultureller, politischer und wirtschaftlicher Blüte im 16. und 17. Jahrhundert. An dem wunderbar erhaltenen historischen Gebäude-Ensemble lässt sich die europäische Entwicklung von Architektur und Städtebau im Manierismus und Barock sehr gut nachvollziehen. Bei einem Spaziergang in den Strade Nuove kann man die Fassaden von insgesamt hundert Palazzi bestaunen. Sie sind meist nicht öffentlich zugänglich und fast alle nach dem gleichen Schema errichtet: Durch ein prächtiges und reich dekoriertes Portal gelangt man in den Innenhof. Es folgen eine Prunktreppe und der Durchgang in einen Garten.

Die zweifarbigen Steinbänder an Genuas Kathedrale fallen ins Auge (oben). Kloster Sant'Andrea und die mittelalterliche Porta Soprana (unten). Der Park des Palazzo del Principe lädt zum Entspannen ein (Mitte). Eine ungewöhnliche barocke Fassade: Malereien am Palazzo San Giorgio (rechts unten). Zum G-8-Gipfel 2001 errichtet: der Dome (rechts oben).

Die »Neuen Straßen« haben zwar längst ihre eigenen Namen, für die Genuesen sind sie jedoch nach wie vor Le Strade Nuove. Sie waren zwischen 1550 und 1716 eine riesige Baustelle, denn alle großen Familien der Stadt hatten den Ehrgeiz, sich hier einen monumentalen Palazzo zu bauen.
Der flämische Maler Peter Paul Rubens lebte Anfang des 17. Jahrhunderts in Genua und verdiente sich mit dem Porträtieren der wichtigsten Persönlichkeiten ein Vermögen. Er bewunderte die Strade Nuove so sehr, dass er ein Buch darüber veröffentlichte und ihnen damit in ganz Europa zu großer Berühmtheit verhalf. Fortan gehörte es zum guten Ton, auf der Grand Tour, der Bildungsreise des Adels und des wohlhabenden Bürgertums, in Italien auch Genua und die Strade Nuove zu besuchen.

Die Strade Nuove sind heute nach umfangreichen Renovierungs- und Restaurierungsarbeiten ein Freiluftmuseum. Doch im Unterschied zu historischen Straßen in anderen italienischen Altstädten hat man in Genua dafür gesorgt, dass die intensive Farbgebung der Palastfassaden wieder voll zur Geltung kommt. Die hiesigen historischen Gebäude präsentieren sich heute in einer ähnlichen Farbenpracht, wie – und davon sind die Kunsthistoriker überzeugt – im 17. und 18. Jahrhundert, als die Stadt erstrahlte und von illustren Besuchern besungen wurde.
Im Gegensatz zur mittelalterlichen Altstadt sind die Strade Nuove sauber und gepflegt. Man sollte sich aber allerdings auch hier vor Taschendieben in Acht nehmen. Die Altstadt von Genua kämpft seit Langem gegen verschiedene For-

men nicht nur von Kleinkriminalität, sondern auch gegen Prostitution und Drogenhandel. Besucher staunen immer wieder, was hier unter freiem Himmel und am helllichten Tag ablaufen kann.

Paläste der Bilder

An den Strade Nuove stehen drei überaus sehenswerte Museen. Die Gemäldegalerie im Palazzo Rosso besitzt Meisterwerke von Guercino und Paolo Veronese, von Anthonis van Dyck, der ebenfalls als Porträtmaler in Genua arbeitete, von Albrecht Dürer, Guido Reni und Bernardo Strozzi. Im Palazzo Bianco hängen Gemälde von Caravaggio, Hans Memling und Gerhard David. Diese Kunstgalerie bietet ein Panorama europäischer Malerei aus dem Zeitraum vom 12. bis zum 17. Jahrhundert. Der Palazzo Tursi schließlich ist Sitz sowohl der Gemeindeverwaltung als auch einer Kunstsammlung.

Neben den Strade Nuove lohnt ein langer Spaziergang durch die an historischen Gebäuden reiche Altstadt. Im beeindruckenden Palazzo Ducale residierte in früheren Zeiten der Doge. Das Gebäude ist nicht nur einer der größten, sondern auch der eleganteste Palazzo der Stadt. In der Beletage werden regelmäßig Ausstellungen organisiert. Unbedingt sehenswert ist in Genua aber auch eine moderne Attraktion: das Aquarium am Hafen. In dem Gebäude, das der in Genua lebende internationale Stararchitekt Renzo Piano errichtete, können auf fast 10 000 Quadratmetern Fläche Fische und Reptilien in 39 Bassins bestaunt werden. Ein größeres Aquarium findet sich in Europa nur noch im spanischen Valencia.

RESIDIEREN UND GENIESSEN

Wand- und Deckenmalereien und üppige Stuckaturen, Brokat und prächtiges Mobiliar in großen Salons – das Hotel Bristol Palace in Genua erinnert an die große Zeit des Reisens, bietet riesige Zimmer und Suiten und viel Komfort. Man sollte darauf achten, ein Zimmer im historischen Zentralbau zu erhalten.

Genuas wahrscheinlich beste Fischküche bietet »La Bitta nella Pergola«. In dem eleganten Restaurant im Stil eines Fischerlokals dreht sich alles um Fisch und Meerestiere, die in bester fangfrischer Qualität serviert werden.

WEITERE INFORMATIONEN

Hotel Bristol Palace, Via 20 Settembre 35, Tel. 010-161 21, www.hotelbristolpalace.it
La Bitta nella Pergola, Via Casaregis 52/r, Tel. 010-58 85 43, www.labittanellapergola@libero.it

Michelangelos Platzgestaltung auf dem Kapitol in Rom mit dem Reiterstandbild Marc Aurels (oben). Ein Pärchen auf dem Panoramaweg in Pienza mit Blick ins Val d'Orcia (Mitte). Vollkommene Stille: Kloster San Lorenzo im Herzen von Florenz (unten). Toskana-Traum: typisches Bauernhaus auf einem der sanften Hügel des Val d'Orcia südlich von Pienza (rechts).

Mittelitalien

16 Renaissancestadt Ferrara

Wo die Este herrschten

Man muss nicht besonders sportlich sein, um dieses städtebauliche Kleinod mit dem Fahrrad zu erkunden. Ferrara ist komplett eben und seine Gassen sind schmal und zum großen Teil für den Pkw-Verkehr gesperrt: Radeln ist hier ein pures Vergnügen. Eine Rundtour führt vorbei an wunderbaren Renaissancepalästen und -kirchen und über zauberhafte Plätze.

Der Palazzo dei Diamanti heißt so wegen seiner an Diamanten erinnernde Fassadengestaltung (oben). Von einem Wassergraben umgeben: das Castello Estense im Herzen von Ferrara, heute ein Museum (rechts unten). Eine der interessantesten romanischen Fassaden Italiens: die Kathedrale von Ferrara (rechts oben).

E in Unikum im Land der antiken Städte: Ferrara wurde nicht von den Römern gegründet. Die Kleinstadt in der Emilia-Romagna wurde zum ersten Mal im 8. Jahrhundert erwähnt und stieg im 15. Jahrhundert zur Herzogsresidenz auf. So klein Ferrara auch damals war: Seine Bedeutung innerhalb des italienischen Kleinstaatenbundes zeigt sich mit der Gründung seiner Universität im Jahr 1391. Sie zählt zu den ältesten Universitäten in ganz Europa.

Skrupellos, aber auch kunstsinnig: die Este und ihre Burg

Sein heutiges Aussehen erhielt Ferrara vor allem im 14. Jahrhundert, als hier die kunstsinnigen Fürsten der Familie Este regierten. Aus der typischen Renaissance-Dynastie entstammten skrupellose Machtmenschen, die sich aber zugleich als die großzügigsten Mäzene für die schönen Künste gaben. In späteren Jahrhunderten wurde es still um Ferrara. Zu einer Provinzstadt abgestiegen, wurde sein historisches Stadtzentrum weder

umgebaut noch modernisiert. So ist nicht nur der gesamte mittelalterliche Mauerwall unversehrt, sondern auch das alte Stadtzentrum intakt geblieben. Die Herrscher der Familie Este dachten in großen Dimensionen und beschäftigten wie die Könige großer Staaten die besten Baumeister ihrer Zeit. Das von den Este geplante und von ihrem Hofarchitekten Biagio Rossetti in Ferrara realisierte städtebauliche Projekt ging als eine der ersten modernen Stadtplanungen in die Kunst- und Architekturgeschichte ein. Schnurgerade Straßen und exakt quadratische oder rechteckige Plätze drücken hier den Willen der Renaissancefürsten aus, die Welt beherrschen zu wollen – ein städtebauliches Konzept, das eindeutig auf altrömische Vorbilder zurückgeht. Im Zentrum ihrer Stadt residierten die Este im Castello Estense. Der Palast ist von einem Wassergraben umgeben und erinnert eher an eine Burg als an ein Schloss. Besonders schön sind im historischen Zentrum die vielen Adelspaläste aus

dem 15. und 16. Jahrhundert. Das wohl mit Abstand eindrucksvollste Gebäude ist der Palazzo dei Diamanti mit seiner Fassade, die von Tausenden diamantenförmigen Prismen aus rosa-weißem Marmor geschmückt wird. In dem Palast ist heute ein Kunstmuseum untergebracht, das mit seinen Ausstellungen international Aufsehen erregt.

Vor der Langeweile fliehen

Ein Auftragswerk der Familie Este ist auch der Palazzo Schifanoia, dessen Name mit »vor der Langeweile fliehen« übersetzt werden kann. In diesem Sanssouci der Renaissance stellen vor allem die traumhaften Fresken von Cosmè Tura und von Francesco del Cossa im Salone dei mesi die Besuchermagneten dar. Die Wandbilder in diesem »Saal der Monate« zeigen unter anderem astrologische Sujets, die zu den einzelnen Monaten passen.

Die riesigen Fresken wurden, unglaublich aber wahr, im Lauf der Jahrhunderte vergessen. Dies zeigt, wie sehr das Städtchen an Bedeutung verloren hatte. Der Palazzo wurde zur Tabakfabrik umfunktioniert und gab seinen Bilderschmuck erst wieder preis, als man diese 1821 wieder ausquartierte.

Ferrara diente als Kulisse für ein berühmtes Buch und einen sehr bekannten Film. Der italienische Schriftsteller Giorgio Bassani siedelte in dem Städtchen seinen Roman Die *Gärten der Finzi Contini* an. Diese Geschichte einer reichen jüdischen Familie während der Besetzung Italiens durch die Nazis verfilmte der italienische Starregisseur Vittorio de Sica 1970 mit Helmut Berger und Fabio Testi in den Hauptrollen. Es war vor allem dieser Film, der Ferrara international ins Gespräch brachte. Seitdem ist die Kleinstadt zum Ziel von Kunstfreunden aus aller Welt geworden.

RESIDIEREN UND GENIESSEN

Man sollte auf jeden Fall innerhalb der historischen Stadtmauern übernachten, um auch abends nach dem Essen durch die romantisch beleuchteten Gassen zu bummeln und sich von dem Reiz dieser Stadt verzaubern zu lassen.

Ferraras beste Adresse ist in einem Palazzo des 16. Jahrhunderts untergebracht. Das Hotel Duchessa Isabella bietet Luxus mit viel Charme und ist mit Antiquitäten eingerichtet.

Zum Essen empfiehlt es sich, einen Tisch in dem kleinen Restaurant Il Don Giovanni nicht weit von der Stadtburg entfernt zu reservieren.

WEITERE INFORMATIONEN

Duchessa Isabella, Via Palestro 70. Tel. 0532-20 21 21, www.duchessaisabella.it
Il Don Giovanni, Corso Ercole D'Este, Tel. 0532-24 33 63, www.ildongiovanni.com

17 Das frühchristliche Ravenna

Wo Mosaiken aus Edelsteinen leuchten

Wenn man die ruhige kleine Stadt nahe der Adriaküste heute besucht, glaubt man kaum, dass Ravenna einst die Hauptstadt des weströmischen Reiches war. Doch tatsächlich hatten die weströmischen Kaiser in der Spätantike Rom als Hauptstadt verlassen und die damalige Hafenstadt zu ihrer Residenz erhoben. Diesem Umstand verdankt Ravenna einmalige historische Bauten.

Frühchristliche Mosaikdarstellungen in der Basilika San Vitale in Ravenna (oben). Die Fenster im Mausoleum von Kaiserin Galla Placidia sind aus kostbarem Alabaster (unten). Kaiserin Theodora und ihr Hof: eines der besterhaltenen Mosaiken in der Basilika San Vitale (rechts unten). Das Mausoleum des Theoderich bedeckt ein Kuppeldach aus Fels (rechts oben).

In der Spätantike lag Ravenna verkehrstechnisch günstig direkt am Meer. Für die in Ravenna regierenden Herrscher war dies von großer Bedeutung, denn über den Seeweg waren sie mit ihrem Reich verbunden. Doch mit den Jahrhunderten versandete der Hafen und veränderte sich die Küste so stark, dass Ravenna heute neun Kilometer von der Adria entfernt liegt.

Ravenna war nicht lange eine Hauptstadt. Zwischen 402 und dem Ende des weströmischen Reiches im Jahr 476 residierten in der Stadt die Kaiser Odoaker und Theoderich der Große sowie deren Nachfolger. Diese Herrscher lebten nicht mehr in solchem Prunk, wie er einst in Rom herrschte, sondern beschränkten sich auf einige wenige Paläste. Und sie ließen Sakralbauten errichten, die jeden noch so weiten Umweg lohnen.

Prächtige spätantike Bauten

Doch auch nach dem Ende des weströmischen Reiches entstanden in Ravenna großartige Bauwerke, schließlich war die Stadt einer der bedeutendsten Bischofssitze in Italien. Die 547 errichtete Kirche San Vitale zum Beispiel gehört zu den wichtigsten Sakralbauten der frühbyzantinischen Epoche. Ähnlich dem Aachener Dom hat ihr Zentralraum einen achteckigen Grundriss und wird von einer Kuppel bekrönt.

Im Inneren dieser gewaltigen Kirche faszinieren Mosaiken, die zu den schönsten gehören, die wir aus der Spätantike kennen. Sie stellen in ungewöhnlich realistischer – und in diesem Sinn an die Antike anknüpfender – Weise Kaiser Justinian I. und seine Frau Theodora dar. Die Mosaiken überziehen fast den gesamten Altar- und Apsisbereich. Noch heute bestechen sie durch ihre kräftigen Farben, wobei vor allem Grün- und Blautöne sowie Gold als Hintergrundfarbe dominieren. Im Unterschied zu antiken Mosaiken wurden größere und gröbere Mosaiksteinchen benutzt.

Der Stil der Mosaiken entspricht der damals vorherrschenden Darstellungskonvention, derzufolge nicht die realisti-

sche Abbildung von Objekten, Lebewesen und Menschen im Vordergrund stand. Der Inhalt einer Darstellung war wichtiger als deren Form. Die Farbenpracht der Mosaiken erhielt sich 1500 Jahre lang so unglaublich gut, weil man sie nicht aus normalen Mosaiksteinen, sondern aus farbechten Steinen und Halbedelsteinen gesetzt hatte. Mit Mosaiken verziert ist auch das Mausoleum der Galla Placidia. Die Kaiserin war die Tochter von Theodosius dem Großen. Das Grabmal wurde bereits zu Galla Placidias Lebzeiten im frühen 5. Jahrhundert errichtet und zählt wegen seiner Wandmosaiken zum Welterbe der UNESCO.

Antike Themen in christlicher Umdeutung

Das zentrale Sujet der poetischen Mosaiken ist die Erlösung. Immer wieder wird es in Einzelszenen der Bildgestaltung aufgegriffen und wiederholt. Interessanterweise münzten die Künstler die antikheidnische Ikonografie vor allem pastoraler Szenen christlich um. So diente zum Beispiel der Mythos des antiken Orpheus als Vorlage für die bildliche Gestaltung der Szene des guten Hirten. Die große Bedeutung dieser Mosaiken basiert nicht auf ihrem Alter, sondern auf ihrem erstaunlich guten Zustand und ihrer Vollständigkeit.

Grandiose Wandmosaiken aus der Zeit Kaiser Theoderichs schmücken auch die riesige frühbyzantinische Kirche Sant'Apollinare Nuovo aus dem späten 5. Jahrhundert. Sie zeigen unter anderem Szenen aus dem Leben Christi und lebensechte Darstellungen von Personen, etwa 22 Jungfrauen in goldbestickten Gewändern mit weißen Schleiern, und die Heiligen Drei Könige, die Gaben bringen.

Ravenna lohnt einen mehrtägigen Besuch, denn der ganze Zauber dieser spätantiken Bauten und Mosaiken erschließt sich nicht in wenigen Stunden. Am besten kommt man im Spätsommer, wenn das Ravenna Festival stattfindet. Es wird von Cristina Muti, Ehefrau des Stardirigenten Riccardo Muti, organisiert. Während des Festivals finden Konzerte immer wieder auch in den spätantiken Kirchen statt.

VON RAVENNA NACH RIMINI

Ravennas unbestritten schönste Unterkunft ist das Hotel Cappello in einem stattlichen Palazzo aus dem 15. Jahrhundert, mitten in der schönen Altstadt von Ravenna. Es hat sich den Charme vergangener Zeiten behalten, lockt mit alten Kaminen, Wand- und Deckenfresken und komfortablen Gästezimmern. Klassische gute Ravenna-Küche wird in der »Antica Trattoria al Gallo 1909« serviert. In einem von außen unscheinbaren Gebäude präsentiert sich das elegante Restaurant innen als ein Triumph des italienischen Art déco.

Südlich von Ravenna beginnt einer der längsten und bekanntesten Badestrände Italiens. Rimini gilt im Sommer als Italiens heißeste Open-Air-Disco, zahllose Lokale liegen direkt am Meer. Es gibt elegante Unterkünfte und Design-Hotels nebst ausgezeichneter Restaurants.

WEITERE INFORMATIONEN

Cappello, Via IV Novembre 41, Tel. 05 44-21 98 13, www.albergocappello.it Antica Trattoria al Gallo 1909, Via Maggiore 87, Tel. 05 44-21 37 75, www.antictrattoriaalgallo1909.it www.riminiturismo.it

18 | Modena

Wo man feinsinnig forscht und genießt

In dem Städtchen in der mittelitalienischen Region Emilia-Romagna liegt einer der schönsten Plätze Italiens. An der Piazza Grande steht nicht nur der romanische Dom San Geminiano mit seinem 88 Meter hohen Glockenturm Torre Ghirlandaia, sie ist auch Modenas *salotto* – das »Wohnzimmer« der Stadt, ein Treffpunkt für Jung und Alt.

Aus Modena kommen die wohl berühmtesten Autos. Im Museo Stanguellini sind historische Modelle zu besichtigen (oben). Modena ist auch für seinen Balsamico bekannt (unten), der gerne von Experten verkostet wird, etwa in Spilamberto (rechts unten). Essig und lokale Wurst- und Käsespezialitäten bietet Giuseppe Giusti in der Via Farini an (rechts oben).

Modena ist zum Glück nicht unbedingt das Ziel von Touristenmassen. So behielt die kleine Stadt ihren provinziellen Charakter. Dass dies eine reiche Provinz ist, sieht man auf Schritt und Tritt an den eleganten Läden und Bars, den Feinschmeckerrestaurants und den gepflegten, äußerst reizvollen kunsthistorischen Monumenten.

Obwohl relativ weit nördlich von Rom und der südlichen Toskana, den traditionellen Siedlungsgebieten der Etrusker, gelegen, ist Modena eine Gründung dieses immer noch rätselhaften vorrömischen Volkes. Unter den Römern erlebte die Stadt, die damals wie heute an der wichtigen Handelsstraße Via Emilia lag, eine Blütezeit. Im Mittelalter gelangte Modena wieder zu Reichtum und Ansehen. Dass die Stadt bereits 1175 eine eigene Universität besaß, beweist, wie fortschrittlich ihre Bürger dachten und handelten.

Ein Gebirge von einem Dom

Der Dom, der an der Piazza Grande wie ein Gebirge aufragt, zählt zu den ein-

drucksvollsten Meisterwerken der europäischen Romanik. Dieser Kunststil führte in Italien immer ein gewisses Schattendasein. Ein Großteil der romanischen Architektur fiel dem Barock zum Opfer, der Dom von Modena jedoch zum Glück nicht.

Der zu seiner Zeit hoch angesehene Baumeister Lanfranco und der Steinmetz Wiligelmo da Modena begannen 1099 mit den Bauarbeiten, obwohl die Stadt damals keinen Bischof besaß. Modena war ohne kirchliches Oberhaupt, weil Bischof Eriberto 1081 von Papst Gregor VII. wegen seiner politischen Nähe zum deutschen Kaiser Heinrich IV. und zum Gegenpapst Clemens VII. exkommuniziert wurde. Einen neuen Bischof erhielt Modena erst im Jahr 1100. Dass die Bürger trotzdem mit dem Bau eines neuen Doms begannen, sagt viel über das für seine Zeit große Selbstbewusstsein dieser stolzen Stadt aus.

Der Grundstein des Doms wurde, äußerst ungewöhnlich für jene Zeit, von einer Frau gelegt, die jedoch zugleich eine der mächtigsten Herrscherinnen in

Norditalien war: Mathilde von Canossa. Geweiht wurde das Gotteshaus 1184, fertig war es aber erst 1322.

Die Kirche fällt zunächst wegen ihres abwechslungsreichen äußeren Erscheinungsbildes auf, das sich aus dem als Baustoff verwendeten grauen und rötlichen Marmor ergibt. Viele der Steine stammen von römischen Bauten, was bei näherem Hinsehen das reizvoll-uneinheitliche Bild der Mauern erklärt. Die marmorverkleideten Außenmauern sind durch Arkaden, Galerien und andere typisch romanische Bauelemente aufgelockert. Die gotische Fensterrosette ist ein Werk von Steinmetzen aus Campione, einem kleinen Ort am Luganer See. Generationen dieser Kunsthandwerker arbeiteten am Dom in Modena.

Der rein romanische Innenraum verfügt über drei Langschiffe. Auf ein Querschiff, wie es in den meisten Kirchen dieser Zeit üblich war, um den kreuzförmigen Grundriss zu unterstreichen, hatte man damals verzichtet.

San Geminiano wurde im Zug umfassender Restaurierungsarbeiten von fast allen barocken Hinzufügungen, die die

romanische Architektur verdeckten, befreit. Deshalb wirkt der Innenraum groß und imposant und macht die Marmorbrüstung von Anselmo di Campione auf den Betrachter einen umso größeren Eindruck. Sie zählt zu den schönsten Kanzelbauten der Romanik und ist mit Reliefs verziert, die ganz offensichtlich von den Kunsthandwerkern nach antiken Vorbildern geschaffen wurden.

Mächtiger Turm

Mit dem Gotteshaus verbunden ist die äußerst beeindruckende Torre Civica. Der 88 Meter hohe Turm wurde zwischen 1261 und 1319 als eines der höchsten romanischen Bauwerke Europas errichtet. Die Ghirlandina, wie die Torre Civica in Modena genannt wird, prägt die Skyline der Stadt.

Nach einer Besichtigung des Doms und des Turms sollte man sich – gutes Wetter vorausgesetzt – in einem der Lokale auf der Piazza niederlassen und handgemachte Nudeln bestellen. Denn Modena ist nicht nur wegen seines weltweit bekannten Essigs ein Begriff, sondern auch wegen seiner Pastaküche.

IM BAUCH DER EMILIA

Modena zählt zu den gastronomischen Zentren Italiens, und selbstverständlich findet man hier eine Vielzahl ausgezeichneter Restaurants.

Im »Fini« werden wunderbare Nudelgerichte serviert. Der Name ist gleichsam ein Synonym für Nudeln, denn die Eigentümer sind Pastaproduzenten. Die Hosteria Giusti ist eine interessante Adresse: Die Gaststätte befindet sich hinter einem Wurstladen. In ihrem kleinen Speiseraum fühlt man sich als Gast wie zu Besuch im Esszimmer einer italienischen Familie und genießt die traditionelle Küche der Emilia. Kreativ und avantgardistisch geht es hingegen in der Osteria Francescana zu. Das Gourmetrestaurant ist mit zwei Michelin-Sternen ausgezeichnet.

WEITERE INFORMATIONEN

Fini, Rua Frati Minori 54, Tel. 059-22 33 14, www.ristorante.fini@hrf.it Hosteria Giusti, Vicolo Squallore 46, Tel. 059-22 25 33, www.hosteriagiusti.it Osteria Francescana, Via Stella 22, Tel. 059-21 01 18, www.osteriafrancescana.it

19 Kulturlandschaft Cinque Terre und Portovenere

Wo das Glück zu Hause ist

Fünf Dörfer, eines malerischer als das andere, am Meer gelegen, auf Felsen errichtet und den steten Wellen trotzend – die Cinque Terre, die »Fünf Länder«, zählen zu den schönsten Küstenabschnitten nicht nur der italienischen Riviera, sondern ganz Europas. Hier bezaubern die Besucher eine immer noch wilde Landschaft und beschauliche, idyllische Ortschaften.

In Riomaggiore wohnen weniger als 1800 Seelen. Das Dorf war jahrhundertelang am bequemsten vom Meer aus zu erreichen oder über Eselspfade im Hinterland. Ein Hinterland, das mit seinen Wäldern und den versteckt in Tälern gelegenen Dörfern noch heute einen anschaulichen Eindruck davon vermittelt, wie »hinterwäldlerisch« diese Region einmal war.

Fünf Ortschaften in einem Naturschutzpark
Riomaggiore ist seit Ende des 19. Jahrhunderts bequem mit dem Zug zu erreichen, und seit dieser Zeit ist es mit dem Tourismus aufwärts gegangen. Die Reisenden an der italienischen Riviera, vor allem die aus Großbritannien, die den Winter im milden Klima Italiens verbrachten, waren hingerissen von den Ortschaften der Cinque Terre, von Riomaggiore, Monterosso al Mare, von Vernazza, Corniglia und Manarola.

Cinque Terre bedeutet auf Deutsch »Fünf Länder«. Gemeint sind die fünf Ortschaften, die wie die Perlen einer Kette in einer Reihe an der Felsküste liegen. Insgesamt 7000 Menschen leben hier, nicht viel im dicht besiedelten Italien. Sie leben in einem Naturschutzpark, doch anders als in anderen italienischen Naturschutzparks hält man sich hier an die Regeln des Nichtbauens. Am besten fährt man die Küste der Cinque Terre mit einem Boot ab, denn nur so kann man die ganze Schönheit dieser Landschaft erleben.

Fischer, Winzer und Obstbauern
Die Bergkette des Hinterlandes fällt steil zum Meer hin ab. Diese Steilküste wird von kleinen und extrem abschüssigen Felseinschnitten unterbrochen. Eine perfekte Lage für Häuser, dachten sich die Menschen früherer Zeiten. Relativ geschützt vor Wind und Wasser und vor Eindringlingen vom Festland, ließen sie

Zwischen azurblauem Meer und Felsen mit malerischen Villen: Badestrand in Monterosso al Mare (oben). Einheimischer in Monterosso al Mare (unten). Pittoresk an und auf Felsen über dem Meer gelegen: das Fischerdorf Manarola an der italienischen Riviera (rechts).

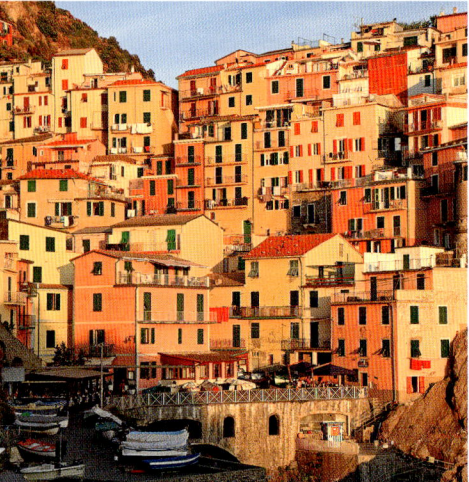

Blick auf den Hafen von Manarola (oben).
Golden leuchten die Fischerhäuser
abends in Manarola (Mitte), wo an steilen
Hängen in mühevoller Handarbeit Wein
angebaut wird (unten). Auf dem romantischen Viale dell'Amore (rechts oben).
Wunderschön: Portovenere am frühen
Abend (rechts unten). Die Isola Palmaria – ein Geheimtipp (ganz rechts oben).

sich hier nieder. Bis auf Corniglia liegen die Dörfer direkt am Wasser. Das erlaubte es den Bewohnern, Fischfang zu betreiben.

Aber nicht nur als Fischer verdienten die Menschen der Cinque Terre ihren Lebensunterhalt. Oberhalb der Steilfelsen, überall dort, wo man halbwegs stehen konnte, legten sie Terrassen zur landwirtschaftlichen Nutzung an. Für Weinreben, Zitrusfrüchte und Obst. Viele dieser Terrassen wurden im 19. und frühen 20. Jahrhundert aufgegeben. Die jungen Menschen zogen auf der Suche nach Arbeit in größere Städte ab. Später, und mithilfe staatlicher Subventionen, wurden die durch Trockenmauern abgestützten Terrassen wieder restauriert und erneut bearbeitet. Zum einen, um das Abrutschen der Erde ins Meer aufzuhalten und somit der Erosion vorzubeugen; zum anderen, weil der auf den Terrassen angebaute Wein, ein leichter und vollmundiger Tropfen, sich großer Anerkennung erfreut.

Politisch gehörten die Cinque Terre ab dem frühen 13. Jahrhundert zur Seerepublik Genua. Wirtschaftlich galten sie

immer als rückständig, weil sie nur schwer zu erreichen waren. Auch heute noch gelangt man lediglich nach Manarola und Riomaggiore auf bequemen Straßen.

Immer noch einsam gelegen

Tatsächlich sollte jedoch einmal eine Staatsstraße alle Cinque Terre mit La Spezia und Sestri Levante verbinden. Doch die Einheimischen, sehr um den Schutz ihrer Landschaft bemüht, verhinderten ihren Bau mit Aufsehen erregenden Aktionen. So können die übrigen Dörfer auch heute noch nur mit dem Zug oder über eine äußerst schöne, aber kurvenreiche und zeitraubende Straße erreicht werden, die man zudem am besten nur frühmorgens oder am späten Nachmittag benutzen sollte. Nur dann ist sie relativ unbefahren, und der Reisende kann die Aussicht in die Gegend ungestört genießen.

Die Cinque Terre waren lange Zeit ein touristischer Geheimtipp, diese Zeiten sind jedoch nun schon länger vorbei. Vor allem deutsche und französische Touristen fühlen sich von der romantischen Magie der Küstenortschaften angezogen. Besonders reizvoll sind die Cinque Terre für Wanderer. Reiseführer, auch in deutscher Sprache, listen die schönsten Wege auf. Man sollte jedoch gut zu Fuß sein, da es entlang der Küste immer wieder bergauf und bergab geht.

Die Liebesstraße

Bequemer und für Besucher aller Altersgruppen geeignet ist die sogenannte Via dell'Amore. Die »Liebesstraße« ist ein fast ebener Wanderweg, der oberhalb der Küste in den Felsen gehauen wurde

und von Monterosso über Vernazza und Corniglia nach Manarola führt. Unterwegs passiert man mit Blick auf das Meer Olivenhaine und Weinhänge. Selbst bei stürmischem Wetter ist diese Strecke unglaublich reizvoll.

Portovenere ist mit fast 4000 Einwohnern der größte Ort und das wirtschaftliche und touristische Zentrum des Küstenabschnitts. Das Städtchen mit dem Naturhafen wurde bereits im Jahr 50 v. Chr. gegründet. Kein Wunder: Die Römer hatten immer schon ein Auge für strategisch gut gelegene Hafen. Portovenere liegt auf einer Landzunge, auf deren äußerster Spitze die Römer einen Tempel und später die Christen eine Kirche erbauten. Die romanische Kirche San Pietro mit dem hübschen Glockenturm gehört zu den malerischsten Kirchen an Italiens Küsten und ist die Portoveneres Hauptattraktion. Eine breite Treppe führt hinauf zu der hoch auf einem Felsen gelegenen Kirche, die im 13. Jahrhundert erbaut wurde und mit ihrem schwarz-weiß gebänderten Mauerwerk sofort ins Auge fällt.

Aus dem 12. Jahrhundert stammt hingegen San Lorenzo. Die romanische Kirche wurde 1130 von Papst Innozenz II. geweiht. Auch ihre schlichte Fassade ziert im mittleren Teil ein Bändermuster aus schwarzen und weißen Steinen. Portovenere wurde außerhalb Italiens zuerst vor allem in Großbritannien berühmt. Der romantische Dichter Lord Byron verbrachte einen Großteil des Jahres 1822 in der kleinen Hafenstadt und war – wie nach ihm alle weiteren ausländischen Besucher – von der bunten Häuserzeile der Uferfront schlicht hingerissen. Diese ungewöhnlichen »Wolkenkratzer« ragen bis zu sieben Stockwerke in den Himmel hinauf, doch im Verhältnis dazu sind sie ungewöhnlich schmal. Davor verläuft eine der schönsten und sehenswertesten Uferpromenaden im ganzen Land.

Portovenere ist definitiv eine Reise wert, doch sollte man den Ort in der Hochsaison meiden. So richtig romantisch ist das Städtchen vor allem im Winter, wenn das Meer ungestüm gegen die Uferpromenade donnert.

RESIDIEREN UND GENIESSEN

Direkt oberhalb des Wassers wohnen, mit Blick auf das Meer und einem Pool, der beim Schwimmen eine Traumaussicht bietet – das »Royal Sporting« in Portovenere liegt etwas außerhalb des kleinen zauberhaften Ortes direkt am Meer, aber die Adresse ist sicherlich eine der eindrucksvollsten der gesamten Cinque-Terre-Küste. Gefrühstückt wird bei gutem Wetter direkt am Pool, der übrigens mit Meerwasser gefüllt ist.

Ein Abendessen auf einer Privatinsel bietet hingegen die Locanda Lorena mit privatem Bootsservice. Für Romantiker.

WEITERE INFORMATIONEN

Royal Sporting, Via dell'Olivo 345,
Tel. 0187-79 03 26,
www.royalsporting.com
Locanda Lorena, Isola Palmaria,
Via Cavour 4,
Tel. 0187-79 23 70,
www.locandalorena.com

Manarola lebt vom Fischfang, aber vor allem vom Weinanbau auf gefährlich anmutenden Rebenterrassen. Der Weißwein von dieser Küste ist einer der besten Italiens.

20 | Domplatz von Pisa

Wo ein architektonischer Traum wahr wurde

Was man hier unbedingt machen sollte? Abends den Wecker früh stellen und vor acht Uhr morgens auf die Piazza dei Miracoli gehen. Nur um diese Uhrzeit begreift man, warum diese »Platz der Wunder« genannt wird. Jedes einzelne Gebäude an der Piazza gleicht einem Kunstwerk, das die Hand eines Meisters perfekt platziert hat.

Gotisches Architekturjuwel direkt am Arno: die Kirche Santa Maria della Spina am Lungarno Gambacorti (oben). Der Dom von Pisa ist im romanisch-gotischen Stil mit hell-dunklen Steinbändern errichtet (unten). Vom Schiefen Turm hat man einen atemberaubenden Blick auf das Baptisterium und die romanische Dachkonstruktion des Doms (rechts).

Nur am frühen Morgen breitet sich der Platz leer vor dem Besucher aus. Und ebenfalls nur dann wirkt er fast minimalistisch: Man sieht das Weiß der Marmorsteine, aus denen die Gebäude errichtet wurden, das satte Grün des Rasens, auf dem die Kirche, das Baptisterium und der Turm stehen, und bei gutem Wetter das zarte Hellblau des Morgenhimmels. Und man ist dabei ganz allein. Nur einige wenige Nippesverkäufer öffnen bereits ihre Buden, aber ansonsten herrscht eine himmlische Stille. Schon kurze Zeit später jedoch, etwa ab neun Uhr, füllt sich der Platz wieder und der ganze Zauber der Komposition aus Stein, Rasen und Himmel lässt sich nur noch vage erahnen. Sein heutiges Aussehen erhielt dieser Ort im 11. und 12. Jahrhundert, in der Epoche der romanischen Kunst. Diese gilt in Italien, im Unterschied zum übrigen Europa, als künstlerische Vorstufe der Renaissance. Die gotische Kunst konnte sich auf der Apenninen Halbinsel nur in einigen Städten in Norditalien richtig durchsetzen.

Pisaner Romanik

Wie wichtig die romanische Kunst für die kommende Frührenaissance war, lässt sich am Beispiel der Piazza dei Miracoli hervorragend nachvollziehen. Die Bauten dieses Platzes zeigen bereits die perfekte Harmonie und Eleganz der späteren Kunstrichtung. Ihr Stil scheint direkt dem der Spätantike entlehnt worden zu sein. Denn angesichts grandioser antiker Ruinen bildete sich in Italien nie ein spartanischer mittelalterlicher Kunststil heraus. Im Gegenteil: Antike Architektur- und Zierelemente wurden auch im sogenannten Hochmittelalter übernommen. Der Domplatz von Pisa zeigt das überdeutlich.

Mit dem Bau des großen Doms wurde im 11. Jahrhundert begonnen. Die Kirche ist der heiligen Mutter Gottes geweiht und besteht aus einer Basilika mit fünf Schiffen und einem dreischiffigen Querhaus. Die Außenfassaden entsprechen dem Stil der Pisaner Romanik, der sich auch an der Ligurischen Küste und auf Sardinien ausbreitete – schließlich war Pisa im Mittelalter eine mächti-

Das kreisrunde Baptisterium (oben und unten) hat eine hervorragende Akustik im Innern; ein Säulenkranz stützt die Kuppel (Mitte). Die Cafés und Paläste der Altstadt verlocken zum Bummel (rechts oben). Der Campo dei Miracoli ist das Herz der Stadt (rechts unten). Die Bronzeportale des Doms, einzigartige Werke der romanischen Kunst Italiens (ganz rechts oben).

ge Seerepublik und besaß große Gebiete an der Küste. Die Fassaden bestehen aus mehrfarbigem, sehr hellem Marmor. Von Weitem wirkt das Gebäude strahlend weiß. Rundbogen und Säulen lassen die Kirche ungemein elegant erscheinen. Von düsterem Mittelalter und schwerfälliger Bauweise wie bei den meisten europäischen Kirchen der Romanik findet man hier keine Spuren. Im Innenraum hinterließen Meister der mittelalterlichen Kunst ihre Werke, prangen unter anderem Mosaiken von Cimabue und eine prächtige Predigtkanzel von Giovanni Pisano aus dem frühen 14. Jahrhundert. An dieser Kanzel wird das Typische der italienischen Romanik überdeutlich: der Gebrauch ikonografischer Darstellungselemente, wie man sie von Säulen, Sarkophagen und anderen antiken Kunstobjekten her kennt.

Italiens schönstes Baptisterium

Neben dem Dom ragt wie eine gigantische runde Keksdose auf grünem Rasen das Baptisterium auf. Mit einem beacht-

lichen Umfang von 107 Metern ist es Italiens größte Taufkapelle, und vielleicht auch die schönste des Landes. Im Jahr 1153 wurde sie im Stil der Romanik begonnen und war architektonisch als eine Mischung aus der Jerusalemer Grabkapelle und des Tempels von König Salomon geplant. Die obere Fassade und die Kuppel wurden im gotischen Stil vollendet, der sich hier allerdings sehr italienisch gibt und lange nicht so in die Höhe strebt wie in Nordeuropa. In den Innenraum führen drei Stufen, die an den Vater, den Sohn und den Heiligen Geist erinnern. In der Taufkapelle verweisen zwölf Säulen auf die zwölf Apostel. Das Taufbecken verfügt über acht Seiten, eine Anspielung auf den ersten Tag nach den sieben Schöpfungstagen. Faszinierend ist auch die Akustik des Baptisteriums, dessen Echo eine einzelne Stimme fast zu einem Chor anschwellen lassen kann.

Immer weniger schief

Das dritte Bauwerk auf dem Campo dei Miracoli ist der Schiefe Turm. Schief ist der Campanile des Doms zwar immer noch, aber dank einer mehrjährigen und weltweit einmaligen bautechnischen Rettungsaktion konnte er nicht nur ein wenig aufgerichtet werden, sondern man schaffte es auch, seine Drehung um die eigene Achse aufzuhalten. Nun steht der Schiefe Turm zumindest für die nächsten hundert Jahre wieder fest in der Erde und kann erklommen werden. Dazu sollte man allerdings schwindelfrei sein, denn eine Klettertour auf ein schräg stehendes, 56 Meter hohes Gebäude kann bei vielen doch ein mulmiges Gefühl auslösen.

Schon als 1173 mit dem Bau begonnen wurde, erkannte man, dass der sandige Untergrund für einen so hohen und schweren Turm alles andere als ideal war. Und tatsächlich senkte sich der Turm schon im 12. Jahrhundert. Trotzdem wurde er weitergebaut und im Jahr 1350 vollendet.

Die sieben Glocken des Campanile werden aus Gründen der Statik nicht mehr geläutet. Zwar neigt sich der Turm an seiner höchsten Stelle heute nicht mehr sieben, sondern nur noch fünf Meter zur Seite, doch will man mit dem »Glockenstopp« erneute gefährliche Schwingungsbewegungen vermeiden.

Romantischer Friedhof

Die Piazza dei Miracoli wird an einer Seite von einer langen Mauer abgeschlossen. Die meisten Touristen achten weder auf sie noch auf das, was sich dahinter befindet. Schade, denn tatsächlich umschließt diese Mauer den viel-

leicht beeindruckendsten Friedhof Italiens. Sie verläuft um einen Innenhof, dessen Wände im 14. Jahrhundert mit Fresken ausgemalt wurden. Zu sehen waren hier Wandbilder von Benozzo Gozzoli und Buonamico Buffalmacco. Buffalmacco schuf den erschreckendsten Freskenzyklus, die fast schon brutal wirkende realistische Darstellung des Triumphs des Todes über das Leben.

Am 27. Juli 1944 wurde der Camposanto aus nicht mehr nachvollziehbaren Gründen von Bomben der Alliierten getroffen. Anschließend brach ein Feuer aus, dem ein Großteil der Fresken zum Opfer fiel. Das Blei der Deckenkonstruktion verflüssigte sich und beschädigte die Malereien. Seit 1945 wird die Rekonstruktion der Wandmalereien versucht. Seit einigen Jahren benutzt man dafür auch organische Substanzen, die das Blei entfernen und die darunterliegenden Malereien zu einem guten Teil wieder sichtbar machen.

NÄCHTIGEN WIE EIN BURGFRÄULEIN

Und zwar in einem Turm, am besten noch in einem historischen Gebäude aus dem 14. Jahrhundert. Im »Relais dell'Orologio« wird dieser Traum wahr: Der Familienturm ist seit 600 Jahren im Besitz einer Familie und birgt elegante Zimmer mit allem Komfort. Bei gutem Wetter speist man bestens im Garten.

Zum Essen sollte man sich ein Taxi nehmen und vier Kilometer außerhalb der Stadt im »Sergio« einkehren. Es ist Teil eines Restaurants und eine der besten Adressen in diesem Teil der Toskana. Hier serviert man einfache Landküche, die mit viel Kreativität immer wieder Überraschungen hervorbringt.

WEITERE INFORMATIONEN

Relais dell'Orologio, Via della Faggiola 12/14, Tel. 050-83 03 61, www.hotelrelaisorologio.com
Sergio, Via Aurelia (zu erreichen über die Via Pietrasantina), Tel. 050-89 40 68, ristorantesergio@interfree.it
Zur Altstadt von **Lucca**: www.luccatourist.it

21 Historisches Zentrum von San Gimignano

Wo das Vorbild Manhattans steht

Ein Traum von einem Ort, malerisch in den sanften Hügeln gelegen und von Weinbergen und Landhäusern umgeben. San Gimignano ist nicht nur eine fast komplett erhaltene Kleinstadt aus dem Mittelalter, sondern auch zum Inbegriff der Toskana geworden – und somit zu einem der Hauptanziehungspunkte der gesamten Region.

Wenn man sich San Gimignano nähert, tauchen sie plötzlich auf. Hinter einer Straßenecke recken sie sich in die Höhe: *le torri*, die Geschlechtertürme. Jede Familie, die im Mittelalter etwas auf sich hielt und über Geld verfügte, ließ sich einen solchen Turm errichten. Möglichst höher als der der Nachbarn. Statussymbole in Stein.

Manhattan mit 72 Türmen

Von Weitem wirkt San Gimignano wie ein Manhattan des Mittelalters. Im 13. und 14. Jahrhundert besaß die Kleinstadt, in der heute nur noch rund 8000 Menschen leben, 72 Türme. Mit den Jahrhunderten fielen sie zusammen oder wurden, weil die Nachkommen der Bauherren sie nicht mehr instand halten konnten, abgerissen. Doch die Türme, die noch stehen, sorgen noch immer für Staunen.

Wie die meisten anderen alten Städte der Toskana ist auch San Gimignano eine etruskische Gründung. Als Stadt wurde sie allerdings erst im 10. Jahrhundert erwähnt. Sie war eine stolze und reiche Stadt von Handelsherren, die in ganz Italien und darüber hinaus ihre Geschäfte betrieben. Kurioserweise erhielt sie ihren Namen von einem Engländer. Sigerico, Erzbischof von Canterbury, besuchte sie auf seiner Pilgerreise nach Rom um das Jahr 990 und nannte sie Sce Gemiane. Daraus wurde dann San Gimignano.

Die UNESCO ernannte San Gimignano zum Weltkulturerbe, weil der gesamte Altstadtkern sein mittelalterliches Gepräge im Lauf der Zeit bis heute nicht eingebüßt hat. Spätere Jahrhunderte hinterließen zwar ihre Spuren, beschädigten aber nicht die städtebauliche Struktur. Die Wehrmauern aus dem 13. Jahrhundert sind komplett erhalten. Innerhalb des Mauerrings unterteilen zwei Hauptstraßen die Stadt. Die belebtere Nord-Süd-Straße war Teil der Via Francigena und einer der wichtigsten Pilgerwege, die von Nordeuropa nach Rom führten.

Den Aufstieg auf die Geschlechtertürme (oben) sollte man sich nicht entgehen lassen. Die Piazza della Cisterna mit ihrem Brunnen und den Türmen ist das Herz des Ortes (unten). Malerische Weinberge anstatt moderner Häuser: San Gimignano liegt inmitten von Natur (rechts unten). Das kleine, komfortable La Cisterna, direkt an der Piazza della Cisterna (rechts oben).

An ihr ließen sich denn auch die meisten Händler nieder, um mit den Pilgern Geld zu verdienen.

Von den 72 Türmen existieren nur noch 15, aber auch sie vermitteln einen unvergesslichen Eindruck. Der älteste Turm, die Torre Rognosa, ist 51 Meter hoch, die Torre Grossa misst als höchster Turm 54 Meter. Neben den Türmen blieben Dutzende von mittelalterlichen Gebäuden erhalten, darunter zahlreiche private Paläste.

Furchterregende Szenen

Das wichtigste öffentliche Gebäude ist die Chiesa Collegiata. San Gimignanos Dom wurde 1148 vollendet und ist eines der prächtigsten romanischen Gotteshäuser der Toskana. In seinem Inneren faszinieren Fresken, die zu den schönsten in ganz Italien gehören. Sie stammen unter anderem von den Renaissancemeistern Benozzo Gozzoli und Domenico Ghirlandaio. Das berühmte Jüngste Gericht von Taddeo di Bartolo zeigt furchterregende Szenen und ist ein Meisterwerk der italienischen Malerei. Man sollte es mit einem Fernglas betrachten, um die brutalen Darstellungen dieses farbenprächtigen Albtraums genau sehen zu können.

Nur einen Katzensprung vom Dom entfernt breitet sich die Piazza della Cisterna aus. Auf dem »Brunnenplatz« befindet sich in der Mitte ein Brunnen und rundum locken Cafés. Den dreieckigen Platz – eine für Italien ungewöhnliche Form – säumen zahlreiche unterschiedlich hohe Wohngebäude. Der Eindruck ist der von einer in Jahrhunderten zusammengewachsenen Architektur, die sich in ihrer Gesamtheit ungemein harmonisch präsentiert.

San Gimignano konnte sein mittelalterliches Gesicht wahrscheinlich nur deshalb so gut bewahren, weil die einstmals so reiche Stadt nach einer verheerenden Pest im Jahr 1348 in die Hände der mächtigen Republik Florenz fiel. Ohne seine Unabhängigkeit verarmte San Gimignano und wurde bedeutungslos. So bedeutungslos, dass ihre späteren Herrscher nicht mehr in Neubauten investierten. Welch ein Glück!

RESIDIEREN UND GENIESSEN

Wer direkt in San Gimignano am schönsten Platz des Städtchens wohnen möchte, sollte im Hotel La Cisterna absteigen und sich dort ein Zimmer mit Blick auf das malerische Umland von San Gimignano reservieren. Das komfortable Haus bietet keinen unnötigen Luxus, dafür aber hat der Gast die Möglichkeit, sich direkt vor dem Hotel in ein Café zu setzen und dem Treiben zuzuschauen. Das ist besonders reizvoll am frühen Morgen, wenn die Tagestouristen noch fern sind und die Piazza nur von den Einheimischen frequentiert wird.

Antike Rezepte auf moderne Weise werden im »Dorandò« nachgekocht. Toskanische Küche ganz ursprünglich.

WEITERE INFORMATIONEN

La Cisterna, Piazza della Cisterna 24, Tel. 0577-94 03 28, www.hotelcisterna.it
Dorandò, Vicolo dell'Oro 2, Tel. 0577-94 18 62, www.ristorantedorando.it

22 Altstadt von Florenz

Wo die Kunst zu Hause ist

Wiege der Renaissance, Heimat der größten und bekanntesten nackten Männerskulptur der Weltkunstgeschichte und zweier französischer Königinnen, Geburtsort des musikalischen Genre der Oper, Residenz der kunstsinnigen Medici-Fürsten und seit über 200 Jahren eines der meist besuchten Ziele Italiens. Florenz ist Kunst und Kultur pur.

Rathaus seit der Renaissance: der Palazzo Vecchio an der Piazza della Signoria mit der Loggia dei Lanzi (oben). Blick von Brunelleschis gigantischer Kuppel auf das Dach des Doms (unten). Die Kuppel des Doms ist die erste halbkugelförmige Dachgestaltung seit der römischen Antike (rechts).

Der Reisende geht in der Regel zunächst zur Piazza della Signoria, zum Rathausplatz. Dort ragt der Palazzo Vecchio mit seinen fantastischen Fresken und dem hohen Glockenturm auf. Daneben steht die Loggia dei Lanzi und direkt dahinter locken die Uffizien. Was soll man denn nun zuerst besichtigen? Und in welcher Reihenfolge? Und wie viele Tage braucht man, um auch nur einen oberflächlichen Eindruck von den Florentiner Schätzen zu erhalten? Dass die UNESCO Florenz in das Welterbe aufnahm, brauchte nicht lange diskutiert zu werden. Die Altstadt ist ein einziges Freiluftmuseum, auch wenn es Mitte des 19. Jahrhunderts, als die Stadt am Arno für kurze Zeit Italiens Hauptstadt war, zu unverzeihlichen städtebaulichen Eingriffen kam: Man riss historische Gebäude ab und errichtete neue in einem umstrittenen Neo-Renaissance-Stil, der als solcher gleich zu erkennen ist. Dazu wollte man zudem in dem historisch gewachsenen Straßengewirr aus dem Mittelalter und der Renaissance gerade Prachtstraßen anlegen.

Von Bankern zu Herrschern

Schon wegen seiner musealen Schätze verdient Florenz einen langen Besuch und stellt die meisten anderen italienischen Städte in den Schatten. Die Medici waren leidenschaftliche Kunstliebhaber und legten mit ihren vielen Sammlungen den Grundstock für einige spätere Museen.

Das Florenz der Künste ist vor allem das Florenz der Medici, denn diese Dynastie bestimmte die Geschicke der Stadt zwischen dem 14. und 18. Jahrhundert. Die Familie stammte ursprünglich aus der Kleinstadt Mugello und war durch Bank- und Handelsgeschäfte zu Wohlstand gekommen. 1378 unterstützte Salvestro de' Medici, der als *gonfaloniere* ein hohes Amt in der Stadtregierung einnahm, während des damaligen Volksaufstandes in Florenz die Ansprüche des Volkes gegen die dominierende Oligarchie. Diese Nähe zum Volk sollten die nachfolgenden Medici ziemlich schnell ablegen, vor allem nachdem sie selbst zu den aristokratischen Herren der Stadt aufgestiegen waren.

Die Familie gründete die Banco dei Medici und wurde damit so reich, dass sie unter anderem den päpstlichen Hof finanzieren und sich damit zahlreiche wirtschaftliche und finanzielle Privilegien verdienen konnte. Cosimo der Ältere gelangte als erster Medici innerhalb des republikanischen Herrschaftssystems der Stadt zu so großer Macht, dass er den Neid der anderen bedeutenden Familien heraufbeschwor. Innerhalb der innerstädtischen Kämpfe zwischen den einflussreichsten Familien setzte er sich durch, behielt aber die republikanischen Institutionen bei.

Kulturelles Erbe

Cosimos Neffe Lorenzo il Magnifico, der Herrliche, machte die Arnostadt zum europäischen Kultur- und Kunstzentrum. Doch im 17. und frühen 18. Jahrhundert ging es mit den Medici bergab, und sie verwalteten eigentlich nur noch ihre eigenen Schätze. Allein der letzten Angehörigen der Familie, Anna Maria Luisa, ist es zu verdanken, dass die Stadtverwaltung in den Besitz der meisten Kunstgüter kam, die hier heute bewundert werden können.

Anna Maria Luisa de' Medici, mit deren Tod 1743 die Familie ausstarb, vermachte fast ihren gesamten Kunstbesitz der Stadt – mit der Auflage, ihn vor Ort zu behalten und niemals zu verkaufen. In ihrem Testament ist ausdrücklich festgelegt, dass die Erben der Medici, ein Zweig des österreichischen Hauses Habsburg, kein einziges Kunstwerk aus der Stadt herausführen dürfen. Da sich die Familie Habsburg an diese Auflage hielt, blieb Florenz das Schicksal von Mantua oder Urbino erspart, wo die

Kunstsammlungen der herrschenden Familien nach deren Aussterben über ganz Europa verstreut wurden.

Vom Verwaltungsgebäude zum Museum

Die bestechendsten Schätze der Medici sind die Uffizien und ihre Sammlungen. Diese heißen so, weil sie von den Medici zunächst als Verwaltungsgebäude geplant wurden. Das Museum zählt zu den wichtigsten Gemäldegalerien der Welt und besitzt unschätzbare Meisterwerke der italienischen Renaissance und des Barocks. Zu sehen sind in prachtvollen Sälen Werke von Michelangelo und Raffael, von Tizian und Botticelli, aber auch von ausländischen Malern wie Jean-Baptiste Chardin, El Greco, Dürer und Lukas Cranach dem Älteren.

Der Palazzo Pitti ist ein Museumszentrum der besonderen Art. In der ehemaligen städtischen Medici-Residenz sind verschiedene Sammlungen untergebracht. Im Palast hängen in den prunkvollen Räumen der Galleria Palatina Gemälde von Botticelli und Perugino, von Paolo Uccello, Jacopo da Pontormo und anderen Malern. Man braucht Stunden, um auch nur einen Teil dieser Kunstwerke in Ruhe zu betrachten. In den 14 Sälen der *appartamenti monumentali* lebten die Medici-Großherzöge der Toskana. Die erhalten gebliebenen Gemächer zeugen vom Reichtum dieser Familie, die ihre Karriere als Bankiers begann. Im Palazzo Pitti residiert auch das Museo degli Argenti. Wie alle europäischen Herrscherfamilien der Vergangenheit ließen auch die Medici Alltagsgegenstände kunstvoll aus Silber fertigen. Zur Sammlung des Silbermuse-

Die Skulpturen vor dem Palazzo Vecchio sind Kopien (links), die Originale stehen im Akademie-Museum. Michelangelo gestaltete auch die Bibliothek der Medici (oben der große Lesesaal). Der Innenhof des Renaissancepalasts Strozzi, in dem Ausstellungen zu sehen sind (Mitte). Die Basilica di Santa Maria del Fiore strotzt in ihrem Innern vor Gotik (unten).

Botticellis *Frühling*, eines der Meisterwerke im Museum der Uffizien (oben). Die Portale des Doms sind aus Goldbronze (Mitte). Das Studienzimmer der Medici im Palazzo Vecchio (unten). Die Tribune der Uffizien birgt Kunst (Mitte). Die Boboligärten, idealer Ruheplatz nach dem Sightseeing (rechts unten) – genau wie das historische Caffè Gilli (rechts oben).

ums zählen einige der schönsten Silberobjekte, die es in Europa gibt.

In der Galleria dell'Accademia schließlich zeigt sich der weltberühmte David von Michelangelo den neugierigen Blicken der Besucher. Wer sich etwas umsieht, erkennt jedoch schnell, dass sich die hier gezeigten Gemälde von Perugino, Domenico Ghirlandaio und anderen Malern neben dem nackten jungen Mann nicht zu verstecken brauchen.

Kleine, aber feine Museen

Sieht man einmal von den Uffizien ab, sind die Museen in Florenz nicht besonders groß, hüten aber Kunstschätze, um die sie jedes Museum der Welt beneidet. Das Museo del Bargello zum Beispiel besitzt eine unschätzbare Sammlung von Renaissance-Statuen. Sie wurden von Giambologna und Luca della Robbia, von Brunelleschi, Michelangelo,

Donatello und anderen Genies geschaffen, die im Dienst der Medici standen. Die wichtigsten Werke des Renaissancemalers Fra Angelico befinden sich hingegen im Museo Nazionale di San Marco. In dem uralten Kloster lebte der Maler als Mönch.

Wahre Schätze bergen auch die Florentiner Kirchen. Für ihre Ausschmückung wurden jeweils die berühmtesten Künstler ihrer Zeit verpflichtet. Die Kathedrale Santa Maria del Fiore ist die viertgrößte katholische Kirche der Welt und besitzt die höchste und breiteste Kuppel, die jemals gebaut wurde – ihr Durchmesser beträgt fantastische 90 Meter. Ihr gegenüber erhebt sich das Battistero di San Giovanni. Die berühmten Portale der Taufkirche zählen zu den Hauptwerken des Renaissancekünstlers, Kunsttheoretikers und Baumeisters Leon Battista Alberti.

Galilei und Rossini

Santa Croce ist eine – selten in Italien – gotische Kirche und besticht mit ihrer wunderbar harmonischen Form. Ihre Cappella dei Pazzi ist ein Meisterwerk des Renaissancearchitekten Brunelleschi. Santa Croce ist das Pantheon der Stadt Florenz. Hier liegen unter anderem die Künstler Donatello und Michelangelo begraben, der Wissenschaftler Galileo Galilei und die Komponisten Gioachino Rossini und Luigi Cherubini.

Viele Kirchen in Florenz ziehen wegen ihrer Architektur und Kunstwerke genauso viele Besucher an wie die Museen der Stadt. Um den Gläubigen in den Gotteshäusern etwas mehr Ruhe zu verschaffen, muss man deshalb für die meisten Eintritt bezahlen.

Die Medici-Gräber

Eine Sehenswürdigkeit, die Besuchern der Stadt immer wieder den Atem verschlägt, sind die Cappelle Medicee. Sie stellen die offizielle Grablege der Familie Medici dar und gehören zur Basilica di San Lorenzo an der Piazza Madonna degli Aldobrandini. Die Grabkapellen mit der Neuen Sakristei von Michelangelo sind über und über mit kostbarem chromatischem Marmor ausgeschmückt. Ein Marmorfeuerwerk. Die gigantische achteckige Cappella dei Principi ist 28 Meter breit und 59 Meter hoch.

Florenz wartet zweifelsohne mit fantastischer Kunst auf, aber auch ein Spaziergang oder eine Radtour durch die Stadt sind ein tolles Erlebnis. Da Florenz in einer Ebene liegt und das historische Zentrum weitgehend verkehrsberuhigt ist, lässt sich die Stadt hervorragend erkunden. Straßen, Gassen und Plätze sind liebevoll restauriert und werden, anders als manch andere UNESCO-Welterbestätten in Italien, gehegt und gepflegt. Auf diese Weise konnten das mittelalterliche Flair und der Renaissance-Geist der Stadt bewahrt werden.

RESIDIEREN UND GENIESSEN

Wohnen direkt bei den Uffizien in einem mittelalterlichen Gebäude, das drinnen minimalistisch gestylt ist – im Gallery Hotel Art ist das möglich. Wer rechtzeitig bucht, kann sich das Turmdachzimmer reservieren. Von dessen Terrasse bietet sich ein umwerfender Blick auf Florenz und seine Kuppeln.

Das Restaurant Rossini ist eine elegante Adresse am Arno und nicht weit vom Hotel entfernt. Dieses Lokal bietet einige Traditionsgerichte, die der authentischen toskanischen Küche entstammen und nur noch selten zu finden sind, wie zum Beispiel ein Gericht mit Hahnenkämmen.

WEITERE INFORMATIONEN

Gallery Hotel Art, Vicolo dell'Oro 5, Tel. 055-272 63, www.galleryhotelart.it
Rossini, Lungarno Corsini 4, Tel. 055-239 92 24, www.ristoranterossini.it

In den Boboligärten bietet sich dem
Besucher der vielleicht schönste Blick
auf die Altstadt, den Arno und die
vielen Kuppeln und Paläste.

Blick auf die Dächer Sienas und die fächerförmige Piazza del Campo mit der Torre del Mangia, die zum Rathaus Palazzo Pubblico gehört (oben). Auf der Piazza del Campo steht seit Jahrhunderten der Brunnen Fonte Gaia (unten). In früheren Zeiten tranken daraus auch die Pferde, die beim Palio auf dem Campo um die Wette rennen (rechts).

23 | Historisches Zentrum von Siena

Wo man Florenz sicher schnell mal vergisst

Siena wurde von Kaiser Augustus höchstpersönlich gegründet. Deshalb führt es neben Rom als einzige Stadt in Italien die Romulus und Remus säugende Wölfin als Wahrzeichen. Die im Mittelalter stolze Handelsstadt konnte sich ihren antiken Charme innerhalb mächtiger Stadtmauern aus der Renaissance nahezu komplett bewahren.

Eine Handelsstadt, reich und mächtig und ohne einen einzigen Herrscher. Eine Stadt mit republikanischem Geist, die von einer Gruppe reicher Kaufleute regiert wird, die sich energisch jedem Versuch widersetzen, von einem Fürsten oder Papst erobert zu werden. Zu ihren besten Zeiten regierte Siena ein Drittel des heutigen Territoriums der Toskana. Doch eine katastrophale Pestepidemie versetzte Siena im Jahr 1348 einen schweren Schlag, von dem sich die Stadt nie wieder komplett erholen konnte. Ihre politische Unabhängigkeit verlor sie 1555. Nach einem Jahr Belagerung durch die vereinigten Truppen von Kaiser Karl V. und der Medici aus Florenz gaben die Sienesen auf. Die Stadt ging in florentinischen Besitz über.
Unter den Medici versank die einstmals so reiche und mächtige Stadt in der Bedeutungslosigkeit, und erst der internationale Kunsttourismus, der Ende des 19. Jahrhunderts einsetzte, vermochte diesen Dornröschenschlaf zu beenden. Heute zählt Siena zu den Besuchermagneten in der Toskana.

Piazza del Campo

Der Mittelpunkt des 1995 zum UNESCO-Welterbe ernannten historischen Zentrums der Stadt ist die Piazza del Campo. Er ist einer der schönsten Plätze Italiens und sicherlich der ungewöhnlichste. Betrachtet man die Piazza del Campo aus der Luft oder vom 102 Meter hohen Rathausturm Torre del Mangia, gleicht ihre Form einem gigantischen Fächer. An seiner schmalen Seite fällt der Platz Richtung Palazzo Comunale ab, wo sich zu Zeiten der Republik Venedig das politische Zentrum befand. Der Platz und der Palast bilden eine politische Einheit, denn sie sind der zu Stein und Kunst gewordene Ausdruck eines relativ demokratischen Regierungssystems, bei dem die meisten Bürger für jene Zeit ein bemerkenswertes Mitspracherecht besaßen. Im Palazzo Comunale trafen sich die Repräsentanten aller Bevölkerungsschichten und Berufe. Dieses politische System verewigte der Renaissancemaler Ambrogio Lorenzetti im frühen 14. Jahrhundert als das Beste überhaupt in einem berühmten Fresko.

Beim Palio galoppieren die Reiter um den Campo (oben), der Sieger wird zum Helden (unten). Ambrogio Lorenzetti hielt im Palazzo Pubblico die Auswirkungen einer guten Stadtregierung fest (Mitte). Der Dom von Siena sollte ursprünglich der größte der Christenheit werden (rechts unten). Seine Fassade ist ein Meisterwerk der italienischen Gotik (rechts oben).

Die überaus beeindruckende allegorisch-politische Darstellung zeigt die Auswirkungen einer guten und einer schlechten Regierung.

Mit Pferden einmal rund um den Platz

Die Piazza del Campo war und ist das politische und gesellschaftliche Zentrum Sienas. Deutlich wird dies vor allem beim Palio, der zwei Mal im Jahr auf dem Platz veranstaltet wird, und zwar stets am 2. Juli und am 16. August. Jede *contrada*, wie die Stadtviertel im historischen Zentrum genannt werden, schickt dabei ein Pferd samt Reiter in das Rennen, das am Außenrand der Piazza entlang ausgetragen wird.

Aus aller Welt reisen Schaulustige zu diesem mittelalterlichen Spektakel an, das von den traditionsbewussten Sienesen mit gehörigem Pomp und einem festlichen Umzug in historischen Gewändern begangen wird. Die siegreiche *contrada* richtet anschließend ein Volksfest für die ganze Stadt und die Touristen aus.

Siena ist eine Stadt auf Hügeln. Das kann eine Besichtigungstour ein wenig beschwerlich machen, zumal es eine Menge zu besichtigen gibt. Wie Florenz ist nahezu das gesamte Altstadtzentrum aus dem Mittelalter und der Renaissance erhalten geblieben. Und ebenfalls wie in Florenz ist alles sehr gepflegt und erstaunlich gut restauriert.

Er sollte der Größte werden

Nach dem Palazzo Comunale ist Sienas Dom das wichtigste Gebäude der Stadt. Er sollte im 13. Jahrhundert zur größten Kirche der katholischen Christenheit ausgebaut werden, doch das ehrgeizige

Projekt überstieg die finanziellen Kräfte der Stadt. Nur ein Teil des Projekts, das gigantische Nordseitenschiff, wurde realisiert. Aus diesem Teil wurde anschließend der heutige Dom.

Der Dom von Siena zählt zu den bedeutendsten Bauwerken der italienischen Gotik. Seine Fassade und die Wände des Innenraums sind aus schwarzem und weißem Marmor und bieten einen ungewöhnlichen Anblick. Das sehenswerte Dommuseum bewahrt eines der schönsten und sinnlichsten Madonnenbilder des Malers Duccio. Er malte es im frühen 14. Jahrhundert für das neue Gotteshaus.

Kunst im Hospiz

Am Domplatz liegt der Eingang des im Jahr 1000 gegründeten Pilgerhospizes Ospedale Santa Maria della Scala. Es ist vier Mal so groß wie der aktuelle Dom und gehörte lange Zeit zu den größten »Krankenhäusern« Europas. Das Ospedale ist ein labyrinthisches Bauwerk mit zahllosen Sälen und Korridoren, die heute für Ausstellungen genutzt werden. Der besonders schöne große Hospizsaal, der Pellegrinaio, ist beinahe vollständig mit Fresken verziert, die fast alle von Domenico di Bartolo im 14. Jahrhundert gemalt wurden. Zahlreiche weitere Kunstwerke der Renaissance sind in den beiden Untergeschossen zu besichtigen. Die riesigen Saalanlagen wirken wie ein unterirdisches Höhlensystem.

Die Nationalpinakothek von Siena ist eine der reichsten Gemäldesammlungen in Italien. Sie besitzt vor allem Bilder aus dem 13. bis 15. Jahrhundert. In jener Zeit entstand in Siena die sogenannte Sieneser Schule, die der Florentiner

Schule Konkurrenz machen wollte. Dieser Wettstreit mit Florenz, der auf allen Gebieten ausgetragen wurde, führte auch dazu, dass in Siena unbestrittene Meisterwerke der italienischen Kunst und Architektur entstanden. Man wollte die Florentiner übertrumpfen und schuf auf diese Weise Weltkulturgüter.

In der Pinakothek kann man einige Höhepunkte der italienischen Renaissancemalerei betrachten. Von Sodoma bis Domenico Beccafumi sind hier alle Meister versammelt.

Bei einem Rundgang durch Siena stößt man auch auf den Hauptsitz der Banca Monte die Paschi di Siena. 1472 gegründet, ist sie die älteste Bank der Welt. Heute gehört sie zu den wichtigsten Finanzhäusern Italiens und ist einer der bedeutendsten Mäzene für das reiche Kulturleben der Stadt.

Nicht zu übersehen sind bei einem solchen Bummel die vielen Kirchen der Stadt. Fast jede hütet Meisterwerke der Renaissancemalerei – auch in der Ausgestaltung der Gotteshäuser wollte es

Siena seiner großen Konkurrentin Florenz gleichtun. Eines der mächtigsten Gotteshäuser ist die Basilica di San Domenico. Wie eine hohe Burg thront sie auf einem Hügel. Die Basilika wurde im 13. Jahrhundert im gotischen Stil errichtet und in der Renaissance aus- und umgebaut. Das Gotteshaus besticht vor allem durch Renaissancegemälde, besitzt aber auch mit der Seligsprechung der Heiligen Katharina von Siena eines der geheimnisvollsten Gemälde des großen Barockmalers Mattia Preti.

Wenn irgend möglich, sollte man auf die Torre del Mangia an der Piazza del Campo steigen. Das ist zwar kein leichtes Unterfangen, vor allem nicht an heißen Sommertagen, aber der umwerfende Blick von der Aussichtsterrasse entschädigt für die großen Anstrengungen. Von dort oben sieht man, wie sich die Stadt wie in früheren Jahrhunderten in den sanften Hügeln der Toskana verliert, blickt auf Zypressen und Kirchen, Villen und Weinberge. Wie auf einem Gemälde …

RESIDIEREN UND GENIESSEN

Barocke Deckenfresken, wertvolle Antiquitäten, Kristalllüster und einige Säle, wie sie für einen fürstlichen Palast unerlässlich sind: Wer in Siena standesgemäß absteigen will, sollte im historischen Zentrum das Grand Hotel Continental wählen. Das Hotel in einem Palazzo aus dem 18. Jahrhundert wartet mit beeindruckender Fassade und allem erdenklichen Luxus auf.

Nur zwei kleine Säle bietet die Antica Trattoria Botteganova. In dem Traditionsrestaurant geht Sienas Bürgertum zum Essen, wenn es unverfälschte toskanische Spezialitäten genießen möchte.

WEITERE INFORMATIONEN

Grand Hotel Continental,
Via Banchi di Sopra 85,
Tel. 0577-560 11,
www.royaldemeure.com
Antica Trattoria Botteganova,
Via Chiantigiana 28,
Tel. 0577-28 42 30,
www.antictrattoriabotteganova.it

24 Val d'Orcia

Wo sich die Landschaft selbst erträumt

Ein sanftes Tal in der Provinz Siena, in der Nähe des Monte Amiata und an der Grenze nach Umbrien. Auf der Autostrada del Sole könnte man achtlos daran vorbeifahren und würde vielleicht das schönste Stück Toskana verpassen. Es gibt in der gesamten Region wohl kein Tal, das so harmonisch wirkt, wie ein künstlich angelegter Landschaftsgarten, durch den der kleine Fluss Orcia fließt.

Die Kirche Sant'Antimo liegt malerisch mitten im Grünen (oben). In Bagni Vignoni kann man gratis Freiluftkuren (unten). Sanfte Hügel mit Weinreben, Wiesen und Äcker, elegante Zypressen: das typische Bild im Val d'Orcia (rechts unten). Das Weingut Banfi lädt zum Essen und Trinken in der eigenen Trattoria im Castello Banfi ein (rechts oben).

Die Besucher können das Val d'Orcia von einer Aussichtsterrasse hinter dem Dom erblicken. Bei gutem Wetter sind auf Hügeln gelegene Gehöfte, mittelalterliche Türme und Straßen zu sehen, Letztere passen sich den von der Natur vorgegebenen Erhebungen an und schlängeln sich durch das Tal. Man bekommt sofort Lust, von Pienza aus in das Val d'Orcia zu fahren.

2004 wurde das Tal wegen seiner ungewöhnlich gut erhaltenen Landschaft von der UNESCO als Welterbe anerkannt. Nur selten wurde ein größeres Gebiet in Italien so gar nicht durch hässliche Neubauten verschandelt. Im Val d'Orcia hat der Besucher den Eindruck, in eine andere Welt einer anderen Zeit einzudringen, in der er nur andächtiger Zuschauer ist.

Spitzenweine und alte Klöster

Zum Tal gehören verschiedene Ortschaften, die durch ihre angenehm verschlafene und entspannende Atmosphäre auffallen. Orte mit ausgezeichneten Res-

taurants und Weinkellereien, für die man sich Zeit nehmen sollte. Auf einem Hügelrücken liegt Montalcino, das unter Weintrinkern mehr als nur ein Begriff ist: Von hier kommt der Brunello di Montalcino, einer der besten und leider auch teuersten Rotweine Italiens. In der Nähe von Montalcino, und einige Reiseführer geben auch eine zauberhafte Wanderung dahin an, ragt mitten in der Landschaft die Abtei Sant'Antimo auf. Zu ihr gehören eine romanische Kirche und die Reste eines Klosters. Wie eine mittelalterliche Fata Morgana wirkt dieses Gotteshaus in einer Landschaft, die sich anscheinend seit Jahrhunderten nicht verändert hat.

Von der Therme zum Künstlergarten

In Bagno Vignoni drehte der russische Regisseur Andrei Tarkowski einen seiner schönsten Filme, »Nostalghia«. Dort können sich die Besucher des Val d'Orcia in einer Therme entspannen, die schon in der römischen Antike geschätzt

und im Mittelalter von Königen und christlichen Größen wie der heiligen Katharina frequentiert wurde. Die uralte Anlage befindet sich mitten im Dorf. Und wenn dann auch noch, was nicht selten ist, Nebel aus dem großen Thermalbecken aufsteigt, wirkt der Ort wie verzaubert.

Das Val d'Orcia erstreckt sich über rund 19 000 Hektar. Am besten erkundet man mit dem Auto diese perfekte Mischung aus wunderschönen Dörfern und verträumter Landschaft, auf deren dunkelbrauner Erde jeder Wolkenwechsel andere Farben hervorruft.

Von dieser Landschaft fühlte sich auch der international bekannte Künstler Daniel Spoerri angezogen und inspiriert. Er ließ sich im Tal in der Ortschaft Seggiano nieder und richtete dort einen Kunstgarten ein – 15 Hektar gepflegte

Natur, in der Werke von so berühmten Künstlern wie Eva Aeppli, Karl Gerstner und Meret Oppenheim zu bewundern sind. Der Besuch dieses Gartens ist jedem Freund zeitgenössischer Kunst unbedingt ans Herz zu legen.

Das Val d'Orcia zieht zahlreiche Künstler an, insbesondere Fotografen. Einzeln stehende schlanke und hoch aufragende Zypressen oder auch ganze Baumgruppen wirken auf den sanft abfallenden Hügeln wie kunstvolle Bühnenbilder. Hier und dort steht ein altes Bauernhaus, liebevoll restauriert und sündhaft teuer, denn das Tal zählt zu Italiens begehrtesten Adressen für ein Sommerhaus. Dumm ist nur, dass Neubauten aller Art sowie Restaurierungen, die ins Auge fallen, strikt verboten sind. Dumm für Bauherren, zum Glück aber für alle anderen.

RESIDIEREN UND GENIESSEN

Eine Burg wie aus dem Bilderbuch. Auf einem Felsen gelegen mit einer Rundum-Traumaussicht aus fast allen Gästezimmern. Das Castello di Velona bietet Weltabgeschiedenheit vom Allerfeinsten mit Panoramapool. Im Hotelrestaurant wird gute toskanische Küche zubereitet. Ausgezeichnete Weine aus eigenem Anbau und eine der besten Küchen der Toskana, traditionell aber mit einem Schuss Kreativität, gibt es im Castello Banfi. Die Familie Banfi produziert nicht nur einige der besten Weine der Toskana, sondern verwöhnt auch mit unvergesslichen Gerichten.

WEITERE INFORMATIONEN

Castello di Velona,
bei Castelnuovo dell'Abate,
Tel. 0577-80 01 01,
www.castellodivelona.it
Castello Banfi, località Sant'Anglo Scalo,
Tel. 0577-81 60 54,
www.banfi.it

25 | Historisches Zentrum von Urbino

Wo sich Federico ein Denkmal setzte

Ein skrupelloser, berühmt-berüchtigter und dabei kunstliebender Condottiere, also ein Heerführer, baute seine Residenzstadt zu einem architektonischen und künstlerischen Schmuckstück um. Herzog Federico da Montefeltro regierte Urbino von 1444 bis 1482. An seinem kleinen, aber sehr feinen Hof verkehrte die intellektuelle und kreative Elite seiner Zeit.

Das historische Zentrum von Urbino gehört seit 1998 zum Weltkulturerbe. Wie eine mächtige Burg ragt es aus den umliegenden Wäldern auf. Die Burg ist in Wirklichkeit die Altstadt mit der Hauptkirche und dem Palazzo Ducale. In der mächtigen Renaissanceresidenz des Herzogs präsentiert heute die Nationalgalerie der Marken Meisterwerke unter anderem von Raffael und von Piero della Francesca. Beachtung verdient das sogenannte Studio des Federico da Montefeltro, ein einzigartiges Trompe-l'œil aus hölzernen Intarsien.

Federico gestaltete zusammen mit seinen Künstlern die ganze Ortschaft. Auch er, wie andere Renaissanceherrscher, träumte davon, eine ideale Stadt zu schaffen. Es blieb ein unerfüllter Traum. Im Jahr 1506 erhielt Urbino seine eigene Universität, die zu einer der angesehensten in Europa wurde und auch noch heute viele ausländische Studierende anzieht.

Urbino ist kein überlaufener Ort. Das ganze Jahr über geht es geruhsam zu,

was einen großen Teil des Reizes dieses Städtchens ausmacht.

Direkt gegenüber vom Herzog wohnt man im San Domenico. Das schöne und komfortable Hotel befindet sich in einem ehemaligen Kloster aus dem 15. Jahrhundert.

Freundliches Ambiente und rustikale Küche der Region bietet das Restaurant Vecchia Urbino. Leckere Nudel- und Fleischgerichte werden zubereitet.

San Domenico, Piazza Rinascimento 3, Tel. 0722-26 26, www.viphotels.it
Vecchia Urbino, Via die Vasari 3/5, Tel. 0722-44 47, www.vecchiaurbino.it

Wie eine mächtige Burg ragt der prächtige Renaissancepalast des Herzogs von Urbino in die Höhe (oben). Michelangelos Statue »Morgendämmerung« wacht über dem Grab von Lorenzo, dem Herzog von Urbino (unten). Wie eine Erscheinung aus anderen Zeiten: Urbino mit der Rocco Fregoso (Mitte rechts).

26 Pienza

Wo sich der Renaissancepapst auslebte

Ein Ort als Idee. Die zu Stein gewordene Idee einer idealen Stadt für den neuen Menschen. Für den Renaissancemenschen, der sich seiner selbst bewusst und davon überzeugt ist, als Individuum im Zentrum der Welt zu stehen. Das war die Grundvorstellung eines Renaissancepapstes, der aus seinem Heimatort eine Modellsiedlung machen wollte und an dem Projekt scheiterte.

Im Jahr 1405 kam in Pienza der Adlige Enea Silvio Piccolomini zur Welt. Der kunstsinnige Lebemann ging mit 53 Jahren als Papst Pius II. in die Geschichte ein, doch auch als Papst blieb er seinem Faible für Kunst und Kultur treu und träumte von einem neuen Pienza, einer Modellstadt für eine neue Zeit. Der päpstliche Architekt Bernardo Rossellino sollte nach den Prinzipien der antiken, als rationales Vorbild begriffenen Architektur die Stadt ex novo errichten. Auch wenn diese nur zu einem kleinen Teil realisiert wurde, so lässt sich doch gut erkennen, was der Papst im Sinn hatte. Der von Rosselino entworfene Dom verbindet auf ungewöhnlich harmonische Weise die architektonischen Prinzipien des 15. Jahrhunderts, verwendet klassische Linien und vermeidet an der Fassade entschieden mittelalterliche Bauelemente. Der benachbarte Palazzo Piccolomini gilt als eines der Hauptwerke der italienischen Renaissancearchitektur und wurde zum Vorbild vieler anderer Paläste: ein viereckiger Grundriss,

drei Stockwerke und ein Innenhof, alles klar und klassisch gehalten.

Man sollte Pienza spätnachmittags besuchen, bei gutem Wetter und wenn die Sonne über den Hügeln der Umgebung untergeht. Von dem Spazierweg hinter dem Dom hat man einen atemberaubenden Blick auf das Val d'Orcia.

Das Chiostro di Pienza, einst ein Kloster, ist ein schönes Hotel in bester Lage. Die Zimmer bieten einen grandiosen Blick ins Val d'Orcia. Typisch Toskanisches serviert die gemütliche Trattoria La Porta im nahen Montichiello (www.ilchiostro dipienza.it, www.osterialaporta.it).

Der Platz trägt den Namen von Papst Pius II., der Pienza zur idealen Stadt umgestalten wollte (Mitte links). Die Altstadt von Pienza bietet einen Panoramaweg mit Blick ins Val d'Orcia (oben). Abends, wenn die Straßen leer sind, zeigt Pienza seinen ganzen Charme und wirkt wie eine Kulisse für einen Historienfilm (unten).

27 Assisi

Wo Francesco lebte und predigte

Erst etruskisch, dann römisch und im Mittelalter eine mächtige und reiche Handelsstadt: Assisi hat eine lange Geschichte. Die Stadt des heiligen Franz schmiegt sich an den Monte Subasio. Schon von Weitem sind die Kirchtürme und das riesige Franziskanerkloster zu erkennen, einer der wichtigsten Pilgerorte Italiens.

Über diese Straße ziehen traditionell die vielen Pilger nach Assisi und zur Basilika (oben und rechts unten). Giotto malte die Oberkirche der Basilika fast komplett aus. Die durch ein Erdbeben beschädigten Fresken sind wieder restauriert (unten). Von Assisi führt ein zauberhafter Wanderweg zum Eremo delle Carceri am Monte Subasio (rechts oben).

Franz von Assisi ist Italiens Nationalheiliger und sein Kloster nicht nur ein Ort des Gebets, sondern auch der großen Kunst. Der Sohn eines Tuchhändlers und Ordensgründer wurde schon zu Lebzeiten wie ein Heiliger verehrt. Ihm zu Ehren kommen jedes Jahr unzählige Menschen in die kleine, noch immer mittelalterlich anmutende Ortschaft. Nur zwei Jahre nach seinem Tod im Jahr 1226 wurde der Mönch heiliggesprochen, und schon bald darauf errichteten seine Anhänger die riesige Kirchen- und Klosteranlage. 1997 wurde die Basilika durch ein schweres Erdbeben in Mitleidenschaft gezogen, aber die Beschädigungen an den weltberühmten Fresken konnten weitgehend beseitigt werden.

Unter- und Oberkirche

Die Klosterkirche besteht aus zwei Gotteshäusern. Die sogenannte Unterkirche mit den Gewölbedecken beherbergt den Sarkophag des Heiligen und Wandmalereien des künstlerischen Dreigestirns des 13. Jahrhunderts: Giotto, Cimabue und Simone Martini. Die Oberkirche erreicht

man von der Piazza vor dem Kloster. Sie besticht durch ihre einfach strukturierte quadratische Fassade mit dem spitz zusammenlaufenden Dachgiebel und einer kunstvollen gotischen Rosette. Die Deckengewölbe der Oberkirche sind zum Verständnis der Entwicklung in der italienischen und somit europäischen Malerei unverzichtbar. Sie stammen von Giotto, der in den Darstellungen aus dem Leben des heiligen Franz zum ersten Mal deutlich individualisierende Gesichtszüge einfügte. Damit löste sich Giotto von dem immensen Einfluss der byzantinischen Kunst auf Westeuropa, deren Credo darin bestand, Gesichtszüge immer gleich darzustellen. Ohne irgendeine Individualität. Giottos Malereien zeigen die Welt des 13. Jahrhunderts. Ausgerüstet mit einem Opern- oder Fernglas lassen sich diese Fresken am besten bewundern. Man sieht Menschen wie aus der Zeit des Heiligen. Giotto richtete sich ganz am damaligen Geschmack der Kleidung und der Baukunst aus. Seine Malereien sind somit ein Bild ihrer Zeit.

Im gleichen Stil wie die Basilika des heiligen Franz wurde die Kirche der heiligen Klara errichtet, ebenfalls im 13. Jahrhundert. Die Deckenmalereien aus dem 14. Jahrhundert zeigen Szenen aus dem Leben der Heiligen, die den weiblichen Franziskanerorden gründete. Beim Gang durch Assisi fallen viele mittelalterliche Kirchen und Palazzi auf. Der wohl schönste Platz ist die Piazza Comunale, die seit dem 13. Jahrhundert das Zentrum Assisis ist. Hier steht der Tempel der Minerva, eine römische Tempelfassade, die nahezu komplett erhalten geblieben ist.

Ein vier Kilometer langer, herrlicher Fußweg führt einen zum Eremo delle Carceri, das mitten in der Natur am Monte Subasio auf 800 Metern Höhe liegt. In die malerische Einsiedelei zog sich Franz von Assisi zum Meditieren zurück.

Die Kapelle des heiligen Franz

Ebenfalls außerhalb von Assisi, aber im Tal gelegen, ist die große Barockkirche Santa Maria degli Angeli. In ihrem Inneren befindet sich eine kleine Kapelle, die Porziuncola genannt wird. Der Legende nach soll sie im 4. Jahrhundert von Einsiedlern aus Palästina erbaut worden sein. Die Franziskuslegende besagt, dass sie von dem Heiligen renoviert wurde – deshalb wird sie heute als Pilgerziel verehrt. Der nur vier mal sieben Meter große Innenraum zeigt ebenso wie die Außenfassade Fresken aus dem 14. Jahrhundert. Für Gläubige hat die Porziuncola aber auch deshalb eine große Bedeutung, weil hier am 3. Oktober 1226 der Ordensgründer starb.

Bei gutem Wetter sollte man sich den Aufstieg auf die Rocca, die mittelalterliche Wehranlage über Assisi, nicht entgehen lassen: An manchen Tagen kann man von dort aus sehen, wie der Nebel aus dem Tal aufsteigt und sich wie ein Meer genau unterhalb der Stadt ausbreitet. Dieser faszinierende Anblick zieht seit jeher zahlreiche Reisende und Fotografen an.

ITALIENS BEKANNTESTES SOMMERFESTIVAL

Rund 20 Minuten Autofahrt südlich von Assisi liegt Spoleto mit seinem komplett erhaltenen Stadtzentrum vielen Gebäuden aus Mittelalter und Barock. Spoleto ist seit über 50 Jahren Ziel von Kulturtouristen aus ganz Europa. Die jeweils im Juni und Juli stattfindende Veranstaltung Festival dei due Mondi bietet Oper und Musik, Schauspiel und Kunst. Dank der Zusammenarbeit mit dem Festival in Edinburgh und Avignon wird erstklassige Qualität geboten.

WEITERE INFORMATIONEN

www.festivaldispoleto.com

28 Tarquinia und Cerveteri

Wo die Etrusker Gräber aushoben

Die Etrusker lebten vor den Römern in Mittelitalien. Auch wenn ihre Kultur jener der Römer ähnelte, sind noch viele Hintergründe ihres Alltagslebens unbekannt. Von diesem faszinierenden Volk sind vor allem Nekropolen mit hinreißenden Wandmalereien und Grabfiguren erhalten, die heute in verschiedenen Museen stehen. Zwei dieser Totenstädte hat die UNESCO zum Weltkulturerbe ernannt.

In der Nähe der ehemaligen Etruskerstadt Tarquinia, heute eine hübsche Ortschaft mit Altstadtkern, liegt die Nekropole Monterozzi. Erhalten geblieben sind hier in den Felsen geschlagene Grabstätten, die zum großen Teil ausgemalt sind.

Viele der Gräber von Monterozzi, aber auch von Cerveteri, sind in den letzten Jahrhunderten von Grabräubern geplündert worden. Die *tombaroli* stahlen Vasen und andere transportable Gegenstände, die auf dem internationalen Kunstmarkt landeten. Unbehelligt von den Kunstdieben blieben die architektonischen Elemente und die Wandmalereien, die in einigen Fällen erstaunlich gut erhalten sind. Die bedeutendsten dieser etruskischen Grabmalereien sind in Tarquinia zu sehen.

Wein, Weib und Gesang im Grab

Die Gräber von Tarquinia liegen in einer bukolischen Landschaft zwischen Wiesen, Feldern und Felsen. Von den Eingängen der Grabstätten führen Stufen in

die Felskammern, in denen häufig Steinbänke an den Wänden zum Verweilen einladen. Die Gräber bestehen aus mehreren Räumen und sind mit Wandmalereien geschmückt, die bis ins 7. Jahrhundert v. Chr zurückreichen. Die Darstellungen zeigen vor allem magisch-religiöse Themen, Bankette, Tänzer, Spielleute und Akrobaten. Einige Malereien wurden von den Wänden abgenommen und sind heute im städtischen Museum von Tarquinia zu besichtigen, andere befinden sich noch vor Ort.

Die Gräber heißen nach den jeweils dominanten Bildmotiven in ihrem Inneren. Auf Entdeckungstour geht man zum Beispiel in das Grab des Kriegers, der Jagd und des Fischfangs oder der Löwin. Viele Darstellungen wirken ungemein elegant, so etwa die eines jungen, hübschen Flötenspielers, der eine rotweiße Tunika trägt. Bilder dieser Art erinnern an altgriechische Vasenmalereien. Wahrscheinlich kannten die Etrusker durch ihre ausgedehnten Handelsbeziehungen im Mittelmeer die griechische

Bis auf die Sarkophage sind die etruskischen Gräber komplett erhalten (oben). Die meisten sind mit griechisch anmutenden, noch erstaunlich vollständigen Fresken ausgemalt (unten). Die Nekropolen wurden direkt in den Fels geschlagen (rechts unten). Das etruskische Museum in Volterra zeigt überraschend individuell gestaltete Grabfiguren (rechts oben).

Kunst und ließen sich von ihr inspirieren. Im Grab der Leoparden sind Paare abgebildet, die sich entspannt auf Liegen ausstrecken und schlemmen. Solche Darstellungen kann man Jahrhunderte später auch bei den Römern finden.

Tausende von Gräbern mitten in der Landschaft

Die Nekropole der etruskischen Siedlung Cerveteri sieht ganz anders als aus als die Totenstadt von Tarquinia. Aus der Vogelperspektive gleicht sie einem Dorf mit Kuppelhäusern. Dieser Eindruck stellt sich auch beim Betreten der archäologischen Zone ein. Die meisten Gräber sind Rundbauten mit Kuppelähnlichen Deckenkonstruktionen, die mit Gras bewachsen ist.

Cerveteri war eine der reichsten Städte der Etrusker, und das erklärt die großen Gräber und die enorme Ausdehnung der beeindruckenden Totenstadt. Über etwa zehn Quadratkilometer erstreckt sich die Nekropole Banditaccia.

Rund 400 Gräber aus dem 8. bis 2. Jahrhundert v. Chr. konnten in den letzten Jahrzehnten ausgegraben und erforscht werden. Besonders bedeutend ist die Tomba dei Rilievi – das »Reliefgrab« – aus dem 4. Jahrhundert v. Chr. Das große Grab bietet Platz für mehrere Sarkophage und ist mit Stuckaturen verziert, die Szenen aus dem täglichen Leben, Alltagsgegenstände und Tiere darstellen.

Auffällig sind die Sitzgelegenheiten, die sich in vielen Gräbern in Cerveteri befinden. Sie waren ein integraler Bestandteil der aus dem Stein gehauenen Räumlichkeiten. Auf einigen der Steinstühle waren in etruskischer Zeit Statuen platziert, welche die Verstorbenen in Empfang nehmen und auf ihrer Reise ins Jenseits begleiten sollten.

Man sollte die etruskischen Grabstätten mit festem Schuhwerk – eine Begegnung mit Schlangen ist nicht ganz auszuschließen – und mit einer Taschenlampe ausgerüstet besichtigen, um die in der Regel düsteren Grabkammern ausleuchten zu können. Nur so lässt sich ihr ganzer künstlerischer Reichtum entdecken.

EINMAL VERWÖHNEN, BITTE!

Nicht weit von Cerveteri entfernt lockt am Meer bei Ladispoli eines der schönsten italienischen Hotels. Die barocke Residenz am Meer mit Park und Privatstrand war einst Wohnsitz des US-Milliardärs Paul Getty. Hier bietet man Luxus und Komfort pur. In der Nähe von Tarquinia kann man im Pegaso Palace Hotel fast direkt am Meer schlafen. Das Hotel mit den blütenweißen Gebäuden im mediterranen Stil, Pool und Park ist ideal zum Abschalten.

WEITERE INFORMATIONEN

La Posta, Ladispoli, località Palo Laziale Sud, Tel. 069-94 95 07, www.lapostavecchia.com
Pegaso Palace Hotel, Marina Velca, Tarquinia, Viale Martano, Tel. 0766-81 00 27, www.hpegaso.it

Der einzige komplett erhaltene antike Tempel mit einer original altrömischen Kuppel: das Pantheon (oben). Die Fontana di Trevi ist das Endstück einer Dutzende Kilometer langen Wasserleitung (unten). Einst eine Arena und heute einer der elegantesten Plätze Roms: die Piazza Navona mit ihren Kirchen und Brunnen (rechts).

29 Historisches Zentrum Rom

Pracht und Prunk wohin man blickt

Relikte aus 3000 Jahre Geschichte sind in Italiens Hauptstadt zu entdecken. In und über der Erde finden sich Denkmäler, Bauwerke und Ausgrabungen des frühen und des kaiserlichen Roms, die Kirchen der ersten Christen und die prächtigen Basiliken barocker Päpste. Wohl kaum eine andere Hauptstadt der Welt bietet ein so reiches Kunsterbe innerhalb ihrer Stadtgrenzen. Für diese Fülle an archäologischen und kunsthistorischen Schätzen bräuchte man ein halbes Leben, wollte man sie auch nur annähernd vollständig besichtigen.

Zwischen dem Kolosseum und dem Quirinalspalast, in dem erst die Päpste ihre städtische Sommerresidenz hatten, dann die Könige und heute die Staatspräsidenten residieren, liegt das Stadtviertel Monti. Hier lebten Menschen schon vor rund 2500 Jahren. Es ist eines der am längsten besiedelten Gebiete der Ewigen Stadt.

In der Kaiserzeit ließen sich in Monti vor allem Produzenten und Händler von Papyrusrollen und Prostituierte nieder. Wer heute durch Monti spaziert, bummelt auf Straßen, die zum großen Teil schon in der Antike existierten. Im frühen Mittelalter baute man auf die Ruinen der alten Häuser neue Gebäude.

Das unterirdische Rom

In Monti und in anderen Innenstadtvierteln führen in so manchen Kellern Türen in noch tiefer gelegene Räumlichkeiten, die aus altrömischer Zeit stammen. Häu-

fig werden sie als Lager für Weinflaschen und von einigen Restaurants als wirklich ungewöhnliche Speiseräume benutzt. Rom über Rom. Das ist in der ganzen Altstadt so. Und an manchen Stellen sollte man ins Erdreich hinabsteigen. Nicht nur in die Katakomben. Die Domus Aurea, die grandiosen Überreste von Kaiser Neros Villa, sind zu einem Teil zu besichtigen. Sie liegen so tief, weil die Villa nach dem Tod des Kaisers mit Erdreich zugeschüttet wurde, um darauf ein neues Gebäude zu errichten. Um jedoch einen bleibenden Eindruck von dieser Schicht auf Schicht errichteten Stadt zu erhalten, sollte man zwei Kirchen aufsuchen.

Unter der Peterskirche

San Clemente liegt in dem Stadtviertel beim Kolosseum. Von der barocken Kirche an der Erdoberfläche steigt der Besucher zunächst über eine Treppe

Pfingstgottesdienst mit Papst Benedikt XVI. am von Bernini gestalteten Hauptaltar im Petersdom (oben). Wendeltreppe am Eingang zu den Vatikanischen Museen (Mitte), in denen Michelangelos Jüngstes Gericht in der Sixtinischen Kapelle einen Höhepunkt darstellt (unten). Blick von der Via della Conciliazione auf den Doms (rechts oben).

einige Meter hinab ins Erdreich, um zu einer frühchristlichen Kirche zu gelangen. Eine weitere Treppe führt noch tiefer in die Erde. Dort stößt man auf ein heidnisches Heiligtum, das für den Bau der ersten christlichen Kirche als Fundament genutzt wurde.

Unterhalb von Sankt Peter befinden sich zunächst die Papstgrüfte. Viele Romreisende wissen nicht, dass sie in einem Büro auf dem Petersplatz eine Besichtigung des antiken Friedhofs im Erdreich der Basilika organisieren können.

Direkt unter dem Hauptaltar des Baumeisters Bernini, vor dem die Päpste ihre Gottesdienste feiern, befand sich zu römischer Zeit ein Friedhof. Dort scheint der Apostel Petrus beigesetzt worden zu sein. Hinweise dafür wurden bei archäologischen Grabungen im 20. Jahrhundert entdeckt. Dieser Friedhof ist so gut erhalten und beeindruckend, dass die Besucher fast vergessen, dass sich über ihren Köpfen die größte Kirche der katholischen Christenheit erhebt.

Das unterirdische Rom, die erste Schicht dieser faszinierenden Stadt, ist an verschiedenen Stellen zugänglich. Ein ruhiges Rom. Das oberirdische ist laut und chaotisch und gleichzeitig wunderschön. 1980 wurde Roms gesamtes historisches Zentrum zum Weltkulturerbe ernannt. Hierzu gehören alle Stadtteile zwischen dem Vatikan und dem Nationalmuseum für römische Kunst am Hauptbahnhof bis zu den gigantischen Resten der Caracalla-Thermen im Südosten.

Leben im alten Rom

Die Geschichte Roms ist einmalig. Bereits im 8. Jahrhundert v. Chr. ließen sich die ersten Siedler auf dem Palatin nieder – auf diesem Hügel würden später Kaiser ihre Paläste errichten. Aus der Stadt wurde einige Jahrhunderte später zunächst ein Königreich und dann eine Republik, die von Senatoren aus einflussreichen Familien geführt wurde. Ihre Heere eroberten ganz Italien und weite Teile des Mittelmeerraums.

Im folgenden Kaiserreich der Cäsaren wurde ganz Europa bis nach Schottland von der Stadt am Tiber aus regiert. Zu seinen besten Zeiten sollen rund eine Million Menschen in Rom gelebt haben. Glaubt man den antiken Autoren, muss es in der Metropole entsprechend chaotisch zugegangen sein – und zum Himmel gestunken haben.

Die einfachen Leute lebten damals in mehrstöckigen Wohnhäusern, die Wohlhabenderen und Reichen hingegen in luxuriösen Villen mit direkter Wasserversorgung. Der Adel um den Kaiser ließ sich in Palästen oder in riesigen, opulenten Villen nieder, zu denen prächtige Gärten gehörten.

Die gesamte Stadt bot ein dichtes Netz von Freizeitangeboten. Zur Wahl standen zum Beispiel verschiedene Thermen, die auch über Sportzentren, über Lokale und Bibliotheken verfügten, aber auch Arenen für Kampfspiele und Theater, in denen unblutige Komödien und Dramen aufgeführt wurden.

Das Herz der Stadt war in der gesamten Antike das Forum Romanum. Heute bildet es zusammen mit dem dazugehörigen Palatin die weltweit größte archäologische Stätte in einer Hauptstadt. Obwohl hier heute nur noch Ruinen und riesige Säulen stehen, erhält man beim Anblick des Geländes doch einen guten Eindruck von der einstigen Monumentalität der antiken Stadtanlage.

Vom Dorf zur Papstmetropole

Nach dem Ende des Römischen Reichs im 5. Jahrhundert n. Chr. sank die Bevölkerungszahl Roms, bis die Stadt schließlich nur noch 20 000 Einwohner zählte. Die Römer lebten nun in grandiosen Ruinen, deren Steine zum Bau neuer Kirchen und Paläste benutzt wurden. Zum Glück für die Stadt traten jedoch die Päpste in die Fußstapfen der römischen Kaiser, die nicht nur als weltliche Herrscher, sondern auch als oberste Priester und Götter verehrt worden waren. Die Päpste beanspruchten für sich nicht nur die religiöse Führerschaft, sondern auch politische Macht. Ihre Amtsstadt Rom bauten sie vor allem ab der Renaissance und dann im Barock zu

Blick vom Forum Romanum auf das beleuchtete Kolosseum, zu dieser Tageszeit wohl am schönsten (links unten). Treffpunkt der Römer: der Brunnen auf der Piazza Santa Maria in Trastevere (oben). Papst Benedikt XVI. erteilt beim Pfingstgottesdienst den Segen (Mitte). Rechts vom Domeingang, hinter Panzerglas: Michelangelos *Pietà* (unten).

Gigantisch: die Reste der Caracalla-
thermen, die einst größten antiken Thermen (oben). Die Wölfin mit Romulus und
Remus ist in den Kapitolinischen Museen
zu sehen (Mitte). Ein tanzender Faun –
Skulptur in der Galleria Borghese (unten).
Der Saturntempel auf dem Forum Romanum (rechts unten). Mit edlem Ambiente
überzeugt das St. Regis (rechts oben).

einem Zentrum des Geistes und der
Kunst aus.

Anders als Florenz stehen in Rom nur
wenige Gebäude aus der Romanik,
Gotik und Renaissance. Die Päpste des
Barocks, die sich als Erben der kaiserlichen Stadt fühlten, krempelten Roms
Stadtbild komplett um. Damals wurden
die schnurgerade Via Giuglia und viele
andere Straßen neu geschaffen und im
Vatikan entstand die Peterskirche, zu der
Bernini seine Kolonnaden beisteuerte.
In ganz Rom wurden neue Kirchen auf
alten errichtet – mit Staunen macht
man sich klar, dass es in Rom nicht nur
Hunderte Gotteshäuser gibt, sondern
darunter auch viele Kirchen, deren Bau-
geschichte weit ins Frühchristentum
zurückführt. Besonders faszinierend ist
die Basilika Santa Croce in Gerusalem-
me. Sie steht neben einer antiken Arena,
deren Außenmauern noch immer aufragen und die einst zum Palast von Kaiser
Konstantins Mutter Helena gehörte. In
der Arena wurde ein Klostergarten angelegt, der noch heute existiert. Im Lauf
der Jahrhunderte wurde aus der frühchristlichen eine hochbarocke Kirche.
Auch die Lateranbasilika entstand aus
der Villa eines reichen und zum Chris-
tentum bekehrten Römers. Sie ist die
Kirche des Bischofs von Rom, der
zugleich auch der Papst ist.

Das neue Rom

Bis zur Einigung Italiens im Jahr 1870
wurde Rom von Päpsten regiert. Die
Stadt hatte sich deshalb bis dahin nie zu
einer Metropole wie Paris, London oder
Madrid entwickelt. Aus diesem Grund
wuchs der historische Innenstadtkern nie
über die antiken Mauern der Kaiserstadt

hinaus. Im Gegenteil: Bis zur Staatseini-
gung befanden sich innerhalb des Rings
der fast komplett erhaltenen Aurelianischen Mauer weite Freiflächen mit Parks
von Villen sowie Klostergärten.
Mit der Ankunft der piemontesischen
Könige, die zu den Königen des geein-
ten Italien geworden waren, änderte
sich dies jedoch schlagartig. Barocke Villen verschwanden, um Platz zu schaffen
für die zahllosen Wohnhäuser der neuen
Beamtenheere, die in den neuen Minis-
terien arbeiteten. Trotz dieser Zerstörun-
gen übernahm der neue Staat die
bereits von den Päpsten im 18. Jahrhundert erlassenen Gesetze zum Schutz
antiker Kulturgüter. Sie bildeten den
Kern der späteren italienischen Gesetz-
gebung zum Schutz der Kunst und Kultur. Mit dem Konkordat zwischen dem
faschistischen Staat und dem Heiligen
Stuhl 1929 kam es nicht nur zu einer
Annäherung zwischen dem politischen
und religiösen Rom, sondern auch zu
einer umfassenden Restaurierung aller
architektonischen Kulturgüter. Benito
Mussolini, der sich wie ein neuer Cäsar
fühlte, ließ viele Grabungen durchfüh-
ren. So wurde unter seiner Herrschaft
auch das republikanische Forum am
heutigen Largo Argentina ausgegraben.
Zum UNESCO-Welterbe gehören auch
die städtischen, vatikanischen und kapitolinischen Museen – Schatzkammern
mit den wichtigsten etruskischen und
römischen Kunstwerken.

Bedrohte Monumente

Für das Heilige Jahr 2000 restaurierte die
Stadtverwaltung Hunderte Fassaden, die
endlich wieder in altem Glanz erstrahl-
ten. Solche Maßnahmen müssten

jedoch ständig wiederholt werden, was aber leider nur schleppend geschieht, denn das italienische Kulturministerium hat in den letzten Jahren seine Ausgaben zum Erhalt der Kulturgüter drastisch gekürzt. Infolgedessen sind zum Beispiel auf dem Palatin mittlerweile einige Gebäudeteile der ehemaligen Kaiserpaläste für Besucher nicht mehr zugänglich. Weil kein Geld vorhanden ist, um dringend notwendige Arbeiten durchzuführen, sind dort die Pfeiler und Mauern vom Einsturz bedroht.

Auch das Kolosseum steht immer wieder im Zentrum heftiger Diskussionen. Archäologen fordern mehr Geld, um das riesige Gebäude besser zu erhalten. Der um die Arena vorbeibrausende Autoverkehr erzeugt Erdschwingungen, die den antiken Steinen kräftig zusetzen. Immer wieder fallen Steine von den oberen Simsen hinab.

Auch der Einsturz einiger Meter der Aurelianischen Mauer vor einigen Jahren sorgte für internationales Aufsehen. Auch hier war wieder die Rede von fehlenden Geldern. Tatsache ist, dass Roms Kulturerbe einfach zu groß ist. Weder die Stadtverwaltung noch das ohnehin schon überforderte Kulturministerium können für alle Stätten und Kunstwerke gleichzeitig aufkommen. Es müssen Prioritäten gesetzt werden.

Der Besucher der Stadt wird das in Jahrhunderten gewachsene Ensemble aus Straßen und Plätzen malerisch finden. Aber es müsste mehr getan werden, um dieses weltweit einmalige Zentrum einer Hauptstadt besser instand zu halten. So kann etwa von Verkehrsberuhigung in Rom keine Rede sein. Jeden Tag wälzt sich rund eine Million Autos durch das Zentrum. Was die Abgase nicht nur für die menschliche Gesundheit, sondern auch für die steinernen Fassaden, Skulpturen und Ruinen bedeuten, ist bekannt – und doch geschieht nichts, um diese Realität zu verändern.

LUXUSSUITEN UND ZWEIRADTRIPS

Gobelins an den Wänden, Goldstuckaturen, alte Möbel: Das St. Regis Grand, das altehrwürdigste Traditionshaus Roms, wurde 1895 errichtet, und ist seit jeher dem Luxus verpflichtet. Roms bestes Restaurant ist das La Pergola auf dem Dach des 5-Sterne-Hotels Rome Cavalieri Hilton – zwei Pools, Tennis, Spa –, grandioser Ausblick inklusive. Es wird von dem Deutschen Heinz Beck geführt, mit drei Michelin-Sternen unumstrittener Koch-König vor Ort. Unbedingt zu besichtigen sind die Katakomben. Hin geht's mit dem Taxi oder, viel preiswerter, mit einem Moped. In den Sommermonaten, wenn die Römer im Urlaub sind, ist die beste Zeit, um die Stadt mit einem solchen Zweirad auf eigene Faust zu erkunden. Oder man geht per pedes, etwa im Rahmen einer deutschsprachigen Joggingführung.

WEITERE INFORMATIONEN

St. Regis Grand, Via Vittorio Emanuele Orlando 3, Tel. 06-470 91, www.starwood hotels.com/stregis La Pergola,
Hotel Rome Cavalieri Hilton, Via Cadlolo 101, Tel. 06-35 09 21 52, www.romecava lieri.it/lapergola
www.bicibaci.com, beim Opernhaus. Bietet auch Mopedbesichtigungstrips an.
www.sightjogging.it

Jedes Mal beim Betreten der gleiche
überwältigende Effekt: die gewaltige
antike und komplett erhaltene Kuppel
des Pantheons. Aus dem Tempel für die
Götter wurde eine katholische Kirche.

s
h
T
e
c
i
d

A
k

F
r
a
u
k
z
g
b
r
c
s
s
e
a
L
H
n

Eine Straße voller Trulli in einem Örtchen nahe Alberobello (oben). Vornehme Damen auf einem Fresko in der Villa der Mysterien in Pompeji (Mitte). Der achteckige Innenhof des Castel del Monte, der Lieblingsburg des Stauferkaisers Friedrich II. (unten). Wie ein Dorf der Schlümpfe mutet Alberobello an mit seinen vielen Trulli (rechts).

Eines der großen Wasserbecken der Hadriansvilla. Angeblich ging der Kaiser hier gern mit Gästen spazieren (oben) und zog sich auf die kleine Insel zum Lesen zurück (unten). Die Villenanlage, noch heute fast ganz inmitten von Natur, bietet herrliche Aussichtspunkte (rechts unten). Romantische Szenen auf Schritt und Tritt: in der Hadriansvilla (rechts oben).

30 Hadriansvilla

Wo Italiens größte antike Villa steht

Wenn die Ruinen schon so gewaltig sind, wie muss dann erst die Villa einst ausgesehen haben! Wer die Villa Adriana erstmals erblickt, wird stumm. Die Überreste von Kaiser Hadrians Landresidenz stellen selbst die Ruinen auf dem römischen Palatin in den Schatten. Die Bauten auf dem Hügel wurden im Mittelalter als Steinbruch für das neue Rom genutzt – die Hadriansvilla hingegen wurde so gut wie vergessen.

Kaiser Hadrian lebte von 76 bis 138 n. Chr. Von 117 bis zu seinem Tod regierte er das Römische Reich und kam viel herum, denn überall erhoben sich Feinde gegen Rom. Der Kaiser war ein kunstsinniger und kulturliebender Herrscher und plante zusammen mit seinen Architekten eine Landresidenz, in die er sich fern vom chaotischen und von Intrigen geschüttelten Rom zurückziehen konnte. Inspiriert von den vielen Ideen und Eindrücken, die er von seinen vielen Reisen mitgebracht hatte, ließ er in der Villa ägyptische und griechische Bauten nachbilden.

Die größte antike Kaiservilla

Wie selten ein Herrscher beteiligte sich Hadrian an den Planungen für seine Villa. Dabei zeigte er ein besonderes Interesse für Kuppelbauten. Einige nicht komplett zusammengestürzte Kuppelsäle sind noch erhalten.

Es braucht einige Stunden, um die gesamte Anlage zu erkunden. Die Villa ist ungefähr 1,5 Kilometer breit und lang und bietet alles, was man auch in einer kleinen römischen Stadt antrifft: Bibliotheken und Thermen, Theater und Tempel, und natürlich Gärten. Der eigentliche Palast besteht aus verschiedenen Gebäudekomplexen, die aneinandergereiht sind.

Da ist die lateinische und griechische Bibliothek, denn der Kaiser war ein begeisterter Leser und philosophischer Denker. Es gab eine Art Krankenhaus, einen Speisesaal, eine Arena und ein Meerestheater, in dem Seeschlachten nachgestellt wurden. Dem Kaiser standen kleine und große Thermen zur Verfügung – und in einer Kaserne lebten seine Leibgardisten. Mitten in der Palastanlage gibt es auch heute noch eine winzige, mit Säulen bestandene Insel. Immer, wenn der Herrscher allein sein wollte, begab er sich auf dieses kreisrunde Eiland und ließ die Zugbrücke hinter sich hochziehen.

Der Besucher betritt heute die Überreste der Villa durch eine fast komplett erhaltene Außenmauer. Vorbei geht es an rie-

sigen Bassins zu den bis zu 20 Meter hohen Ruinen. Ein besonders schöner Teil der Villa ist der sogenannte canopus, ein langes, rechteckiges Wasserbecken, das von Säulen und Skulpturen gesäumt ist. Es endet in einer Art Gewölbesaal, in dem Bankette stattfanden.

Ausgeklügeltes System für kaiserliche Bequemlichkeiten

Faszinierend und erst seit wenigen Jahren erforscht ist die Logistik der Hadriansvilla, in der allein Hunderte Sklaven und andere Bedienstete lebten. Um den Kaiser nicht oder wenn möglich selten zu stören, wurde der gesamte Untergrund ausgehöhlt. Sämtliche Diener bewegten sich in unterirdischen Tunneln, die die komplette Anlage verbinden. Wenn der Kaiser erklärte, er werde sich in die Bibliothek begeben, setzten sich Diener sofort in Bewegung. Wenn er dann seine Bibliothek erreichte, war alles schon für ihn vorbereitet: Getränke, Licht oder auch Wärme spendende Heizkörper.

Hadrian wohnte in seiner Landresidenz nie lange. Seine Herrscherpflichten führten ihn immer wieder nach Rom und in andere Teile seines Reichs. Eine Zeit lang lebte Antinoo mit ihm zusammen. Der junge Mann starb jedoch mit nur 20 Jahren in Ägypten – für Hadrian ein schlimmer Verlust. Zu Ehren des Geliebten ließ er in seiner Villa einen Tempel für Antinoo direkt am antiken Eingang der Anlage errichten, sodass jeder Besucher dem Verstorbenen seine Ehre erweisen musste.

Die Hadriansvilla ist noch nicht komplett ausgegraben. Dafür fehlt das Geld. Kurz nach der Jahrtausendwende wurde eine Eingangstreppe zu einem Tempel entdeckt, aus Geldmangel konnte die Grabung jedoch nicht zu Ende geführt werden. Die Treppe musste wieder zugeschüttet werden, in der Hoffnung auf finanziell bessere Zeiten.

In jedem Sommer findet in der Villa ein Freiluftfestival mit klassischer Musik und Tanz statt. Ein Teil der Villa wird dafür mit Fackeln ausgeleuchtet. Bei diesen Veranstaltungen, für die Busfahrten von Rom aus organisiert werden, kann man von der Villa einen wahrlich zauberhaften Eindruck gewinnen.

PÄPSTLICHE RESIDENZEN

Keine 30 Kilometer südlich von der Villa Adriana residieren sommers in Castelgandolfo die Päpste. Der malerische Ort hoch über dem Vulkansee Lago di Castelgandolfo gehört zu den Castelli Romani. Das sind kleine Berge mit zauberhaften Ortschaften, die von dichten Wäldern umgeben sind. Am Nemisee gibt es in einem Museum die Reste römischer Schiffe zu besichtigen. Der Ort Nemi ist wegen seiner süßen wilden Erdbeeren berühmt.

Man sollte sich einen halben Tag Zeit lassen, um die Castelli zu erkunden. Es empfiehlt sich, den Tag in Frascati ausklingen zu lassen. Am besten in einer der Weinbars, wo die bekannten weißen und roten Tropfen verkostet werden können, die an den Hügeln der Castelli wachsen.

WEITERE INFORMATIONEN

www.prontocastelli.it

31 Villa d'Este in Tivoli

Wo der Kardinal seine Gäste nass spritzte

Eine Renaissancevilla mit Blick Richtung Rom, ein in Terrassen angelegter Garten mit neckischen Brunnenspielereien, ein Kardinal, der wirklich gut zu leben verstand, und eine Ortschaft, die romantischer nicht sein könnte ... Tivoli war schon bei den wohlhabenden Römern der Antike als Sommerfrische ein Begriff. Da war es doch nur selbstverständlich, dass es ihnen die Kirchenfürsten gleichtaten und aufs Land bei Tivoli zogen.

Der Park der Villa d'Este eröffnet einen freien Blick in die weite Landschaft (oben). Die vielen Brunnen hier wurden zum reinen Vergnügen eines lebenslustigen Kardinals geschaffen (unten); der Neptunbrunnen ist einer der größten und beeindruckendsten von ihnen (rechts unten). Überraschend: ein Brunnen in Form eines Schiffes (rechts oben).

Kardinal Ippolito II d'Este (1509 bis 1572) war der Sohn von Lucrezia Borgia, der leiblichen Tochter von Papst Alexander VI. Als Nachwuchs einer Familie, die es mit der katholischen Moral nicht ganz so genau nahm, war es nur klar, dass Ippolito auch als Kardinal in die Fußstapfen seiner lebenslustigen Vorfahren trat.

Weil er einen seiner Kollegen bei dessen Wahl zum Papst unterstützt hatte, wurde Ippolito von Julius III. zum Gouverneur von Tivoli ernannt. In der kleinen, östlich von Rom in den Bergen gelegenen Ortschaft ließ sich der Papstenkel fürstlich nieder. Doch der Bau seiner neuen Residenz zog sich in die Länge, und zwar so sehr, dass der Bauherr kurz nach der feierlichen Einweihung verstarb.

Der ausführende Architekt Pirro Ligorio baute für Ippolito eine prächtige Residenz mit zahlreichen Prunkräumen, die den Blick auf den Park und die Ebene nach Rom freigaben. Ihre Säle zieren aufwendige Stuckaturen und Wandmalereien. Das Besondere der Villa d'Este ist aber nicht der dreistöckige Palast, sondern der Park. Er inspiriert seit Jahrhunderten Künstler und Intellektuelle, etwa auch den Komponisten Franz Liszt.

Die Wasserspiele des Kardinals

Ein Kuriosum sind die Gärten und darin die Brunnen. Viele Brunnen. Brunnen mit Überraschungen. Zur Zeit des Kardinals d'Este liebte man es, seine Besucher auf die Schippe zu nehmen – mit Gags, würde man heute sagen. Da man in der Zeit des Manierismus, jener künstlerischen Epoche zwischen Renaissance und Barock, gerne mit Brunnenanlagen arbeitete, setzte auch der Kardinal Wasserspiele für seine Überraschungen ein. So finden sich in dem Park Brunnen, die plötzlich spritzen, wenn man an ihnen vorbeigeht. Sie treiben ihr Spiel entlang des Cento Fontane, dem Weg der »hun-

dert Brunnen«, den rechts und links Dutzende Brunnenmäuler säumen. Das Brunnenspiel diente schon als Kulisse für »Ben Hur« und viele andere Filme. Die Fontana dell'Ovata imitiert den Wasserfall, der bei Tivoli in ein Tal stürzt. Der Eulenbrunnen hingegen verfügt über eine Mechanik, die durch das fließende Wasser angetrieben wird und Vogelstimmen erzeugt – Gezwitscher und den dunklen Ruf der Eulen.

Der Papst und der Orgelbrunnen

Ein Meisterwerk der Brunnenmechanik stellt der Orgelbrunnen dar. Diese hydraulische Orgel spielt Musik aus der Zeit von Ippolito d'Este. Die barocke Konstruktion wurde erst später von Kardinal Alessandro d'Este bei dem Baumeister Gian Lorenzo Bernini in Auftrag gegeben, um das Instrument besser vor den Unbilden des Wetters zu schützen. Papst Gregor XIII. zeigte sich 1573 vom Spiel dieser Orgel so beeindruckt, dass er höchstpersönlich in dem Gehäuse nachschaute, ob sich darin auch wirklich kein Musiker versteckt. Nach jahrelan-

gen Restaurierungsarbeiten ist die Orgel nun seit einiger Zeit wieder im Einsatz. Wenn sie zu bestimmten Uhrzeiten aufspielt, überrascht sie auch heute die Besucher im Park der Villa d'Este. Der größte und zugleich jüngste Brunnen ist dem Meeresgott Neptun gewidmet. Er wurde erst 1927 von dem Ingenieur Attilio Rossi im Stil der Zeit des Kardinals d'Este geschaffen. Das Wasser der imposanten Brunnenanlage plätschert in Kaskaden über die Terrassen des Hanges und spritzt in zahlreichen Fontänen verschiedenster Größe. Die Brunnen und Fontänen der Villa d'Este wurden lange Zeit vernachlässigt und verfielen. Erst vor einigen Jahren stellte das Kulturministerium Finanzmittel bereit, um die in Italien einmaligen Wasserspiele wieder in Gang zu setzen. Tivoli sollte aber auch wegen der Villa Gregoriana besucht werden. Der romantische Landschaftspark aus dem 19. Jahrhundert mit einer altrömischen Wasserkaskade und antiken Ruinen faszinierte unter anderem Goethe, der hier wanderte und malte.

Eine Straße voller Trulli in einem Örtchen nahe Alberobello (oben). Vornehme Damen auf einem Fresko in der Villa der Mysterien in Pompeji (Mitte). Der achteckige Innenhof des Castel del Monte, der Lieblingsburg des Stauferkaisers Friedrich II. (unten). Wie ein Dorf der Schlümpfe mutet Alberobello an mit seinen vielen Trulli (rechts).

Süditalien

32 Das Schloss von Caserta

Wo die italienischen Bourbonen Sonnenkönig spielten

Die italienischen Bourbonen schauten immer mit einem gewissen Neid zu ihren Verwandten nach Frankreich, die in Versailles residierten. So ein Schloss wollten sie auch haben. Doch es dauerte bis 1751, bis König Karl V. von Sizilien mit den Bauarbeiten für ein Schloss begann, das dem der französischen Könige in nichts nachstehen sollte. Die Residenz konnte jedoch erst unter Karls Sohn Ferdinand beendet werden.

Wie das französische Versailles von Paris liegt auch das Königsschloss von Caserta weit von seiner Hauptstadt entfernt. Ganze 40 Kilometer musste der Hof von Neapel zurücklegen, wenn er es erreichen wollte. Das Schloss zählt zu den größten und prächtigsten Residenzen Europas, doch es wurde nie so berühmt wie sein Vorbild in Frankreich. Den meisten Touristen ist es immer noch kein Begriff, obwohl sich die Fahrt nach Caserta, seit 1997 Weltkulturerbe der UNESCO, unbedingt lohnt.

Eine Residenz im neuen Stil des Klassizismus

Karl V. war der erste spanische Königssohn, der sein Reich in Italien nicht aus der Ferne regierte, sondern dort auch lebte. Er liebte die Kunst und wünschte sich eine moderne Residenz. Dabei schielte er immer nach Frankreich, das allen Herrschern des Absolutismus in den meisten Dingen als Vorbild galt. Zum Bau des Schlosses zog man Luigi Vanvitelli heran. Der italienisierte Archi-

tekt stammte eigentlich aus den Niederlanden und hieß ursprünglich van Wittel. Vanvitelli befreite die Baukunst von der Mode des üppigen italienischen Barocks, der ab Mitte des 18. Jahrhunderts bereits als überholt galt. Der nun aufkommende Klassizismus übernahm Ideen aus dem römischen Altertum. Barocke Schnörkel waren nicht mehr gefragt, dafür einfachere, klassisch-strenge Formen der Antike.

Vanvitelli entwarf für Caserta einen riesigen rechteckigen Bau, dessen Seitenlängen 184 und 247 Meter betragen. Der Palast ist 38 Meter hoch und somit schon von Weitem gut zu sehen. Innerhalb des Karrees bilden zwei kreuzförmig angeordnete Flügel vier Innenhöfe. Der Palast wartet mit mehr als 1200 Räumen mit fast 2000 Fenstern und einer monumentalen, 18,5 Meter breiten Prunktreppe auf. Sie führt die Besucher hinauf in die Gemächer, die in den letzten Jahren aufwendig restauriert und renoviert und mit klassizistischen Möbeln eingerichtet wurden.

Das Königsschloss der süditalienischen Bourbonen ist eine der größten Palastanlagen Europas (oben). Über die Haupttreppe erreicht man die wieder eingerichteten königlichen Apartments (unten). Hof der königlichen Werkstätten in San Leucio bei Caserta (rechts unten). Den barocken Garten des Schlosses in Caserta prägen riesige Bassins (rechts oben).

Im Gegensatz zu Versailles fasziniert Caserta durch eine eher strenge und kühle Eleganz, wie sie in der letzten Phase der französischen Monarchie auch von Königin Marie Antoinette bevorzugt wurde. Das Schloss verfügt über eine prachtvolle Bibliothek mit 12 000 Bänden und einer reichen Pinakothek mit Werken niederländischer und italienischer Meister des 18. Jahrhunderts.

Zu der Residenz gehört zudem einer der größten Schlossparks in Italien. Die 100 Hektar große Anlage erinnert an spanische Schlossgärten, denn in die Komposition aus langen rechteckigen Wasserbecken und geometrischen Ziergärten wurde auch ein Hang integriert. Dieser sogenannte Bergpark bietet vom Schloss aus eine drei Kilometer lange Sichtachse. Die zahlreichen Brunnen und Fontänen des Parks wurden alle in den letzten Jahren wieder instand gesetzt.

Königliches Sozialprojekt

Zum Schloss gehört auch der Ortsteil San Leucio. Die spätbarocke Anlage liegt in einiger Entfernung vom Stadtgebiet, gehört aber dennoch zu Caserta. Hier gründete König Carlo di Borbone Ende des 18. Jahrhunderts ein für die damalige Zeit einmaliges Sozialprojekt. Die Real Colonia di San Leucio war Bildungsstätte, Sozialanstalt und Arbeitsplatz für Familien aus sozial benachteiligten Gesellschaftsschichten. Desweiteren wurden hier Facharbeiter und Handwerker (kostenlos) ausgebildet, die dann im Königreich Arbeit fanden. Der König richtete in San Leucio außerdem Italiens erste Pflichtschule für Jungen und für Mädchen ein.

König Ferdinand IV. führte die Idee seines Vorgängers weiter und baute die vorindustrielle königliche Kolonie von San Leucio zu einem solch fortschrittlichen Sozialprojekt aus, wie es erst wieder im Europa des späten 19. Jahrhunderts realisiert werden sollte. Die Colonia bestand zwar bis zur Einigung Italiens 1870, das Interesse an dem progressiven Projekt hatten die Bourbonen jedoch schon in den Jahrzehnten zuvor mehr und mehr verloren.

EIN BESUCH IN CASERTA VECCHIA

Das moderne Caserta bietet dem Touristen nicht viel, doch das gleicht Caserta Vecchia wieder aus. Idyllisch auf einem Hügel gelegen, besitzt es auch noch eine schöne romanische Kathedrale. Bequem zu erreichen sind Alt-Caserta und das Königsschloss von dem modernen Komforthotel Jolly Caserta aus.

Essen gehen sollte man im Via Roma Restaurant. Es bietet regionale Küche, ausgezeichnete Fisch- und Fleischgerichte und ein gutes Preis-Leistungs-Verhältnis.

WEITERE INFORMATIONEN

Jolly Caserta, Via Vittorio Veneto 13, Tel. 0823-32 52 22, www.jollyhotels.com
Via Roma Restaurant, Via Roma 21, Tel. 0823-44 36 29, www.ristoranteviaroma.it

33 Historisches Zentrum von Neapel

Wo Faszination und Erschrecken nah beieinander liegen

Erst die Griechen, dann die Römer, dann die Byzantiner, die Langobarden, die Spanier und die Bourbonen. Nur wenige andere Großstädte Italiens wurden von so vielen unterschiedlichen Herrschern regiert. Sogar ein Stauferkaiser ist darunter, Friedrich II., der übrigens auch die Universität gründete. Das historische Zentrum von Neapel ist ein Labyrinth der Jahrhunderte: eng und laut, chaotisch und faszinierend und anders als alle anderen italienischen Altstädte.

Das Renaissanceportal ließ Kaiser Karl V. errichten: Castel Nuovo, auch Maschio Angioino genannt, am Hafen von Neapel (oben). Die Pizzeria Da Gemma auf Capri ist eine der besten Adressen für ein leckeres Essen (unten). Eleganter Treffpunkt der Neapolitaner direkt beim Opernhaus San Carlo: die Galleria Umberto I. (rechts).

Besucher sind in der Regel erstaunt, negativ erstaunt, wenn sie den Hauptbahnhof von Neapel verlassen: fliegende Händler en masse, hupende Taxen und ein höllisches Verkehrschaos. Doch dieses Durcheinander gehört zum quirligen Leben dieser Großstadt wie die Pizza Napolitano, der Vesuv und der Golf mit dem Blick auf Capri.

3000 Jahre Stadtgeschichte

Nicht weit ist es vom Hauptbahnhof in die Altstadt, ein großes Centro storico mit Zeugnissen aus fast 3000 Jahren Geschichte, von den Griechen bis zu den spanischen Bourbonen, die die Stadt bis zur Einigung Italiens 1870 regierten. Einige schnurgerade Straßen existierten schon in der Antike, andere stammen aus dem Mittelalter. Ein Straßen- und Gassengewirr, das man am besten nur tagsüber genießen sollte oder nachts in Begleitung erfahrener Neapolitaner.

Anders als in Florenz und Rom präsentieren sich die Paläste und Kirchen Neapels nicht immer renoviert und restauriert. Die UNESCO beklagt immer wieder den Zustand historischer Gebäude, der einem Weltkulturerbe nicht unbedingt angemessen ist. Da bröckelt es, da fehlt seit Jahrzehnten ein Anstrich, da bleiben Paläste geschlossen, weil das Geld für die Restaurierung fehlt. Doch diese von vielen Besuchern kritisierte Schlampigkeit macht auch den ganz besonderen Reiz dieser Stadt aus. Neapel wirkt pittoresk heruntergekommen. Man sieht den Zahn der Zeit. Die historischen Gebäude wirken nicht geschminkt.

Das königliche Neapel

Neapel war Königsresidenz. Die Könige regierten über ganz Süditalien, inklusive Sizilien. Aus dieser Zeit stammen der Königspalast, der Palazzo Reale und der Palazzo di Capodimonte.

Das Museo di Capodimonte birgt eine der üppigsten Gemäldesammlungen der Welt (oben). Im Stadtschloss residierten die Bourbonen (Mitte). Handbemalte Kacheln schmücken den Gartenhof der Hallenkirche Santa Chiara (unten). Blick von der Oberstadt zum Castel dell'Ovo (rechts unten). Das »Caffè Gambrinus« ist für seine Törtchen berühmt (rechts oben).

Der Palazzo Reale steht an der weiten Piazza del Plebiscito, nicht weit vom Meer entfernt und in direkter Nachbarschaft des Teatro San Carlo. Das Opernhaus zählt zu den schönsten und größten Musiktheatern Europas. Der riesige Palast wurde im 17. Jahrhundert von Baumeister Domenico Fontana errichtet. Seine Hauptfassade ist 169 Meter lang und verfügt über zwei Reihen hoher Fenster. Die königlichen Apartments sind relativ komplett erhalten geblieben und mit Möbeln aus dem 18. und 19. Jahrhundert ausgestattet. Das Hoftheater von 1768 ist erst kürzlich komplett restauriert worden.

Oberhalb des Stadtzentrums beherbergt die Reggia di Capodimonte eine der wichtigsten italienischen Gemäldegalerien mit Hauptwerken von Goya und Bellini, Botticelli, El Greco und Caravaggio. Ihre rötlichgraue Fassade entspricht dem typischen Geschmack der Neapolitaner und findet sich auch bei anderen Palazzi in der Altstadt.

An und bei der Via Toledo ließ sich im 17. und 18. Jahrhundert der Adel nieder, errichtete dort seine Paläste. An keiner anderen Straße stehen so viele noble Palazzi. Einige sind zu besichtigen, aber die meisten sind, wie fast überall in Neapel, in den letzten Jahrzehnten zu Mehrfamilienhäusern umgebaut worden. Der Adel gab die Gebäude auf, und Immobilienhaie machten aus den prachtvollen und großen Apartments Wohneinheiten.

Neapel ist eine Stadt wichtiger religiöser Bauten. Auf einer römischen Therme errichtete man im 14. Jahrhundert Santa Chiara, die heute größte gotische Kirche der Stadt. Der Dom bewahrt den Schatz des heiligen Januarius auf. Das pulverisierte Blut des Stadtheiligen, der in Italien San Gennaro heißt, verflüssigt sich zwei Mal im Jahr und in Anwesenheit des Erzbischofs und einer großen Volksmenge wie durch ein Wunder. Das ist allerdings inzwischen wissenschaftlich erklärbar. Der Schatz des Gennaro besteht aus kostbaren Geschenken, die Könige und Päpste im Laufe vieler Jahrhunderte bei ihren Besuchen in Neapel hinterließen.

Die Basilika und das Heiligtum Santa Maria del Carmine Maggiore sind der Inbegriff des neapolitanischen Barock, den wie seine spanischen Vorbilder reiches Dekor prägt. Das riesige Kloster Certosa San Martino, hoch über der Stadt auf einem Hügel gelegen, ist heute ein Museum für barocke Kunst.

Die Stadt der Toten und die schönen Nackten aus Pompeji

Neapel besitzt wie Rom eine Stadt unter der Stadt. *Napoli sotteranea* wurde bereits zu griechischer Zeit aus dem Tuff geschlagen und kann heute besichtigt werden. Zu sehen gibt es gigantische unterirdische Säle, Wasserzisternen, und Gänge, bei denen man nicht klaustrophobisch sein darf. Der einzigartige Cimitero delle Fontanelle befindet sich im volkstümlichen Viertel Rione Sanità. In dem antiken Tuffsteinbruch brachten die Neapolitaner im Lauf der Jahrhunderte die Knochen Verstorbener unter. Sie stapeln sich in diesem Ossuarium auf inzwischen rund 3000 Quadratmetern! Ein unbedingtes Muss ist das archäologische Nationalmusem, das zu den weltweit wichtigsten Museen zur römischen Antike zählt. Ab dem 18. Jahrhundert

ließen die Könige Pompeji und Hercula-neum ausgraben. Dabei wurden unschätzbare Funde ans Tageslicht geholt, die in diesem Museum ausgestellt sind. Die hier gezeigten Wandmalereien aus pompejanischen Villen sind vielleicht die prächtigsten, die wir aus der Antike kennen.

Durch Neapels Altstadt sollte man sich treiben lassen, um das chaotische Wirrwarr zu genießen, die vielen traditionellen Geschäfte und die engen Gassen. In der Via San Gregorio Armeno zum Beispiel sind seit Jahrhunderten die Läden der Krippenbauer angesiedelt. In diesen Familienunternehmen arbeiten bis zu drei Generationen zusammen, um kunstvollste Krippen zu produzieren, alles Handarbeit natürlich.

Kampf gegen den Verfall

Immer wieder fällt bei einem Spaziergang durch Neapel der Verfall vieler historischer Bauten auf – ganz abgesehen von den immer wieder sich meterhoch

türmenden Abfallbergen. Neapel ist eine leidgeprüfte Stadt. Die organisierte Kriminalität der Camorra und lokale Politiker, die keines der aktuellen Probleme auch nur halbwegs in den Griff bekommen, machen den Bürgern das Leben alles andere als leicht.

Auch die Kleinkriminalität ufert immer mehr aus. Das wird etwa in vielen kleineren alten Kirchen deutlich, die ihrer beweglichen Kunstwerke beraubt sind. Gestohlen wurden aber auch schon kostbare und mit Marmorintarsien aus dem 18. Jahrhundert geschmückte Balustraden.

Gegen diesen Umgang mit der Kunst in der Altstadt lässt sich nicht viel ausrichten. Sicherlich ist Neapels Welterbe eines der am meisten gefährdeten in Italien. Immer wieder fordern deshalb italienische Kunsthistoriker die UNESCO auf, stärkeren Druck auf Italiens Kulturpolitiker auszuüben, damit diese mehr Geld für die Pflege dieser wunderbaren Altstadt zur Verfügung stellen.

Neapel von der Oberstadt aus gesehen: Seit fast 3000 Jahren existiert die Stadt unter dem alles beherrschenden und immer noch gefährlichen Vulkan – der Vesuv kann jederzeit wieder ausbrechen.

Antike Gasse in Pompeji, im Hintergrund der stets bedrohliche Vesuv (oben). Dank seines Staubs und seiner Lava blieb das Forum erstaunlich gut erhalten (unten). Erotische Darstellungen mit Amoren, die auf Delfinen reiten, im Haus der Venus (rechts oben); viele von ihnen sind mythologischen Ursprungs und beziehen sich auf antike Sagen (rechts unten).

34 Pompeji, Herculaneum und Torre Annunziata

Wo einst eine ganze Stadt verschüttet wurde

Am 24. August 79 n. Chr. bebte zunächst die Erde, und der Vesuv begann zu qualmen. Wer die Zeichen richtig deutete, verließ die Gegend umgehend. Wer blieb, musste sterben – denn der Vulkan, noch heute der gefährlichste Europas, brach aus. Er begrub nicht nur Tausende Menschen unter Lava und einem tödlichen Gesteinsregen, sondern auch blühende Städte. Zum Glück für uns konservierte die Lava die antiken Gebäude perfekt.

Pompeji und Herculaneum waren blühende römische Kleinstädte mit einem wohlhabenden Bürgertum, das in prächtigen Villen lebte. Mit dem Ausbruch des Vesuvs endete hier das Leben schlagartig. Lava und Staublawinen, die aus dem Vulkan in die Luft geschleudert wurden, begruben sämtliche Ortschaften in seinem Umkreis. Darunter auch das antike Torre Annunziata.

Wieder ausgegrabene Pracht

Die antiken Städte entdeckte man erst im 18. Jahrhundert wieder. Die bourbonischen Könige waren die Ersten, die die Ruinen ausgraben ließen. Dabei suchte man vor allem nach Skulpturen, Vasen und anderen kostbaren Gegenständen, die sich leicht transportieren ließen. Die eigentlichen Gebäude wurden erst im 19. und vor allem im 20. Jahrhundert archäologisch erforscht und ans Tages-

licht geholt. Der bekannteste Besucher der ersten Grabungen war der Italienreisende Johann Wolfgang Goethe. Im Angesicht der ersten ausgegrabenen Ruinen sagte er: »Es ist viel Unheil in der Welt geschehen, aber wenig, dass der Nachwelt so viel Freude gemacht hätte.« Heute präsentieren sich Pompeji, Herculaneum und Torre Annunziata als archäologische Grabungsstätten.

Zusammenbrechende Mauern in Pompeji

Die größte Fläche dieser Stätten nimmt Pompeji ein. Zwei Drittel der antiken Stadt sind mittlerweile archäologisch erforscht. Für weitere Grabungen fehlt das Geld. Wie überhaupt Finanzmittel an allen Ecken und Enden fehlen, um diese weltweit einmalige archäologische Zone zu restaurieren, zu pflegen und ganz generell instand zu halten.

Bis 79 n. Chr. wirtschaftliches und politisches Zentrum: das Forum (oben). Mosaik im Haus Neptuns und Aphrodites (Mitte). Originalgetreu rekonstruiert: Atrium der Villa der Venus (unten). Die von der Lava Verschütteten hinterließen Hohlräume, die man mit Gips ausgoss (rechts oben). Antike Straße und Bürgersteige (rechts unten). Das Haus des Fauns (ganz rechts oben).

Immer wieder gerät vor allem Pompeji in die internationalen Schlagzeilen. Im November 2010 brach das Dach der sogenannten Casa dei Gladiatori zusammen. In dem Gebäude lagerten einst die Gladiatoren der städtischen Arena ihre Waffen und Trophäen. Mit dem Dach brachen auch die Außenwände des Hauses zusammen, wobei zwei großflächige Fresken zerstört wurden. Die Ursache musste mit mangelhafter Pflege und nicht sachgerechter Restaurierung erklärt werden. Für ein neues Dach hatte man Zement benutzt, der für die antiken Mauern zu schwer ist.

Zahlreiche antike Gebäude sind für die Öffentlichkeit nicht zugänglich, weil Aufsichtspersonal fehlt. Dringend notwendige Restaurierungsarbeiten werden nicht ausgeführt. Italienische Archäologen sprechen von einem nationalen Notstand in Pompeji.

Zusätzlich erschwert wird die Situation in Pompeji durch den mangelnden politischen Willen, an dieser Situation etwas zu ändern. Man hat den Eindruck, dass den Kulturpolitikern Pompeji nicht wichtig genug ist. Und das, obwohl die anti-

ke Ruinenstadt zu den größten Besuchermagneten Italiens gehört!

Zu Besuch bei den Pompejanern

Besucher finden in Pompeji eine antike Stadt mit nahezu komplett erhaltenen Straßen, Bürgersteigen und Fassaden vor. Bei Restaurierungen in der ersten Hälfte des 20. Jahrhunderts wurden die ausgegrabenen Ruinen so ergänzt, dass man den Eindruck erhält, die antiken Häuser als Gast zu betreten. Hier besucht man Villen mit Empfangsräumen und mit Brunnen in den Atrium-Innenhöfen, Thermen und Kneipen, auf deren Tresen immer noch die Krüge für den Wein und andere Getränke stehen. Das Haus des Apollo, der Fortuna, der vergoldeten Amoretten und der verhängnisvollen Liebe: Die Namen gaben die Archäologen den Wohnhäusern nach den darin gefundenen Fresken und Wandmalereien, die zum Teil ganze Wände bedecken.

Nicht nur Pompeji

Auch in Herculaneum sind viele Villen erstaunlich gut erhalten. In der Villa dei Papiri wurden umwerfende Bronzeskulpturen gefunden, die, wie alle Fundstücke aus Pompeji und Umgebung, im neapolitanischen Nationalmuseum für Archäologie ausgestellt sind. Entdeckt hat man hier aber auch fast 2000 antike Schriftrollen von unschätzbarem Wert, mit altgriechischen Texten, die zum Teil bisher unbekannt waren.

Torre Annunziata, heute eine wenig attraktive moderne Stadt, galt in der römischen Antike als ungemein schicker Wohnsitz für reiche und adlige Römer. Sie bauten sich hier direkt am Meer

prächtige Villenkomplexe. Die sogenannten Villen von Oplonto – in der Antike hieß der Ort Oplontis – werden erst seit 1964 wissenschaftlich erforscht und ausgegraben.

Aufmerksamkeit verdient besonders eine Residenz in Oplonto: ein Gebäude aus dem 1. Jahrhundert v. Chr., das Poppea Sabina gehört haben soll, der zweiten Ehefrau von Kaiser Nero. Es ist eine weitläufige Anlage mit zahlreichen überdachten und offenen Repräsentationsräumen, die sich zu einem Garten mit Brunnen öffnen.

Die Innenwände sind über und über mit Fresken bedeckt – ein Triumph der Architekturmalerei. Faszinierend sind vor allem die zahlreichen perspektivischen Darstellungen, die auch durch ihre ungemein große kunsttechnische Qualität bestechen. Eine Qualität, wie man sie erst wieder aus der Renaissancemalerei später kennt.

Die hier zu sehenden naturalistischen Darstellungen beweisen die außergewöhnlich hohe Malkunst jener Zeit. Diese sucht in den darauffolgenden Jahrhunderten selbst in der altrömischen Malerei ihresgleichen.

Die Villa von Lucius Crassus Tertius wurde im 2. Jahrhundert v. Chr. errichtet. Sie ist so gut erhalten, dass man sogar ihr erstes Stockwerk noch betreten und besichtigen kann, wo sich früher die Privatgemächer des Hausherrn befanden. Als der Vulkan ausbrach, suchten die Bewohner der Villa Zuflucht in den Innenräumen – insgesamt 54 Skelette fanden die Archäologen hier.

Die Privaträume der Villa stammen aus der republikanischen Zeit, als Rom noch von Senatoren regiert wurde, und nicht von Kaisern. Die Darstellungen, die hier verborgen sind, wirken deshalb weniger üppig und aufwendig, zeigen dafür aber intimere Sujets. Zu sehen sind Tiere und Blumen, die in einem so verblüffend naturalistischen Stil wiedergegeben sind, dass sie die Besucher immer wieder zum Staunen bringen.

35 Kulturlandschaft Amalfiküste

Wo die Küste zum Wandern und Verweilen einlädt

Ortschaften mit mittelalterlichen Stadtkernen, die in Terrassen an Bergen errichtet wurden. Dörfer, die über Panoramastraßen zu erreichen sind, die sich in Serpentinen an den Bergen und wildromantisch über dem Meer schlängeln. Kleine Badebuchten mit erstklassigen Restaurants, traumhaften Hotels und ein Festival, bei dem klassische Musik unter freiem Himmel mit Blick auf die Amalfiküste zu hören ist.

Die Amalfiküste ist seit den Fünfzigerjahren in Deutschland ein Begriff. Wie die italienische Riviera war sie eines der bevorzugten Ziele des deutschen Kulturbürgertums.

Deutsche Künstler in Positano

Es zog aber auch viele deutsche Intellektuelle hierher, zum Beispiel den Schriftsteller Stefan Andres. In seinem berühmten Novellenband *Terrassen im Licht* beschreibt er Positano und die anderen, wildromantisch an Berghängen gelegenen Dörfer, von denen eines schöner ist als das andere.

Andres wählte sich Positano als Exil aus und lebte dort ab 1937. Auch die Maler Kurt Craemer, Bruno Marquart und Martin Wolff zogen sich während der Nazidiktatur nach Positano zurück. Später ließ sich der deutsche Pianist Wilhelm Kempff bis zu seinem Tod 1991 in Positano nieder.

Der Schriftsteller John Steinbeck nannte Positano den »einzigen senkrechten Ort der Welt«. Das kann wohl jeder Besucher bestätigen, denn die Straßen und Gassen führen zumeist in Treppen entweder steil in die Tiefe, zum Hafen und Strand hinab, oder in die Höhe.

Seit 1999 ist Positano eine »Cittaslow«, gehört also jener in Italien gegründeten Bewegung von Ortschaften an, in denen man langsam und geruhsam leben kann. Das ehemals kleine Fischerdorf ist heute ein beliebter Ferienort. Die zauberhaften, zumeist weißen Häuser sind bei Touristen heiß begehrt.

Auf der Straße über der Amalfiküste

Positano ist die westlichste Siedlung an der Amalfiküste. Im Osten wird diese von Vietri sul Mare begrenzt, ein kleines Dorf mit knapp 9000 Bürgern, dessen Ortsteil Marina direkt am Meer liegt. Die Amalfitana ist hoch über dem Meer gelegen und zählt zu den schönsten Straßen in ganz Italien. Sie führt durch eine Landschaft, die mit ihrer Mischung aus Ortschaften, Natur und Meer wie von einem Gärtner angelegt wirkt.

Zwischen dem Meer und steil aufragenden Felswänden: Atrani ist einer der malerischsten Orte an der Amalfiküste (oben). Den süßsauren Limoncello genießt man am besten zur Delicia al Limone, einem himmlischen Zitronentörtchen (unten). Bühne städtischen Lebens: der Hauptplatz von Amalfi mit der Kathedrale und der grandiosen Treppe (rechts).

Zauberhaft: Blick auf Amalfi (oben). Die Villa Cimbrone in Ravello steht direkt über dem Meer (Mitte). Im Garten der Villa Rufolo finden häufig Konzerte statt (unten). Blick von den Terrassen der Villa Cimbrone auf die Küste (Mitte). Traditionelle Architektur der Amalfiküste: kleine Türme, runde Dächer (Mitte). Das Hotel Le Sirenuse in Ravello (rechts oben).

Der Hauptort, Amalfi, ist schon aus historischen Gründen das Zentrum der malerischen Küste. Die ursprünglich römische Gründung erlebte im frühen Mittelalter einen erstaunlichen Aufstieg. Ab dem 9. Jahrhundert war Amalfi wie Genua, Venedig und Pisa eine politisch unabhängige Seerepublik. Im 11. Jahrhundert stieg es zu einer kleinen, aber ernst zu nehmenden Handelsmacht auf, die einen Teil des Mittelmeers kontrollierte. Doch nur ein Jahrhundert später ging es schnell bergab. Im 12. Jahrhundert wurde Amalfi erst von den Normannen erobert und später von den Pisanern geplündert. Schließlich sorgte ein schweres Erdbeben dafür, dass die meisten Gebäude zerstört wurden. Aus Amalfis Blütezeit stammt der Dom, der im sogenannten arabisch-sizilianischen Baustil errichtet wurde. Wie es auch auf Sizilien häufig zu sehen ist, wurden zum Bau der Kirche Architekturelemente aus der arabischen Kunst verwendet. Der Dom ist über eine steile und ungewöhnlich lange Treppe zu erreichen. Zur Anlage des Gotteshauses gehört auch der Chiostro del Paradiso,

ein romanischer Kreuzgang mit kunstvoll verzierten Säulen.

Die kleinste Gemeinde der Amalfiküste ist lediglich 20 Hektar groß: Atrani. Durch das spektakulär am Meer gelegene Dorf mit den verwinkelten Gassen und historischen Häusern führt die Panoramaküstenstraße hindurch. Von dort hat man einen traumhaft schönen Blick auf das Städtchen. Vom Zauber Atranis war auch der norwegische Autor Henrik Ibsen fasziniert. Er ließ sich einige Zeit in der Ortschaft nieder.

Furore ist berühmt für seine kleinen, aber romantischen Fjorde, in denen auch der ursprüngliche Ort liegt. In dem wunderhübschen Fischerdorf lebten eine Zeit lang der Regisseur Roberto Rossellini, der in Furore den Film *L'Amore* drehte, und die Schauspielerin Anna Magnani. Der Strand ist im Frühling und im Herbst am schönsten, da nicht heillos überlaufen. Die Badebucht scheint sich zwischen hohe Felsen zu zwängen, was extrem szenografisch wirkt.

Wo Wagner Klingsors Garten entdeckte

Der sicherlich berühmteste Ort der Amalfiküste ist Ravello. Hier wohnten die Schriftsteller Virginia Woolf und André Gide, die Schauspielerin Greta Garbo und der Komponist Igor Strawinsky, der Maler Joan Miró, der Regisseur Federico Fellini und der Dirigent Leonard Bernstein. Aber es ist vor allem Richard Wagner, dessen heute noch gedacht wird. Der deutsche Komponist kam zum ersten Mal in der zweiten Hälfte des 19. Jahrhunderts nach Ravello und war hingerissen. So hingerissen, das er sich hier, im Garten der mittelalterlichen Villa

Rufolo, zu seiner Oper Parsifal inspirieren ließ. Ihm zu Ehren findet jedes Jahr vom Frühjahr bis in den Herbst das Ravello Festival statt. Im Zentrum dieser Veranstaltungsreihe steht klassische Musik, natürlich auch und vor allem von Richard Wagner.

Viele Konzerte finden unter freiem Himmel statt, mit einem umwerfenden Blick auf die abendliche Küste. 2010 öffnete auch die neue Konzerthalle. Das Meisterwerk des brasilianischen Architekten Oskar Niemeyer ist ein futuristisch anmutendes Gebäude in Form eines gigantischen weißen Auges.

Ravello gehörte zur freien Seerepublik Amalfi und erlebte im 11. Jahrhundert eine Blütezeit. Damals zählte die Stadt 25 000 Einwohner. Aus dieser Zeit stammen der romanische Dom und andere Kirchen. Im 13. Jahrhundert wurde mit dem Bau der Villa Rufolo begonnen, ein eklektisches Gebäude mit islamischen Architekturelementen, wie sie im Mittelalter in der Region Mode waren.

In beneidenswerter Lage hoch über dem Meer steht auch die Villa Cimbrone. Sie ist das Werk eines britischen Lords aus den ersten Jahren des 20. Jahrhunderts. Von den Terrassen der Villa Cimbrone hat man einen der schönsten Blicke auf die Amalfiküste.

Fussweg der Götter

Wer gut zu Fuß ist, sollte unbedingt den Sentiero degli Dei ausprobieren. Der »Weg der Götter« schlängelt sich entlang der Amalfiküste von Bomerano nach Nocelle. Unterwegs genießt man eine unbeschreiblich schöne Aussicht. Der Sentiero degli Dei besteht in Wirklichkeit aus zwei Wanderwegen. Der obere verläuft in einer Höhe von bis zu 700 Metern, der untere ist wesentlich leichter zu erwandern. Doch welchen der beiden Fußwege man auch immer wählt: Bei gutem Wetter bieten sie gleichermaßen grandiose Aussichten auf eine der landschaftlich eindrucksvollsten Küsten Europas.

BESTENS GEBETTET

An der Küste liegen legendäre Hotels. Le Sirenuse in Positano, ganz im Stil der Fünfzigerjahre eingerichtet, ist mit seinen Panoramaterrassen und luxuriösen Suiten hoch über dem Meer seit über 50 Jahren eine der ersten Adressen des Nobeltourismus. Ravello ist Spitzenreiter an Spitzenhotels. Das »Caruso«, der »Palazzo Sasso«, »Villa Cimbrone« und das »Palumbo« sind weltberühmte Hotelpaläste, wie sie selbst in Italien nicht häufig anzutreffen sind. Hotels, die so schön sind, dass man sie sich anschauen sollte.

WEITERE INFORMATIONEN

Le Sirenuse, Positano, Via Colombo 30, Tel. 089-87 50 66, www.sirenuse.it
Caruso, Ravello, Piazza San Giovanni del Toro 2, Tel. 089-85 88 01, www.hotelcaruso.net
Palazzo Sasso, Ravello, Via San Giovanni del Toro 28, Tel. 089-81 81 81, www.palazzosasso.com
Villa Cimbrone, Ravello, Via Santa Chiara 26, Tel. 089-85 74 59, www.villacimbrone.com
Palumbo, Ravello, Tel. 089-85 72 44, www.hotelpalumbo.it

36 Nationalpark Cilento und Val di Diano mit Paestum

Wo sich Italien griechisch gibt

Sie erheben sich in einer Landschaft, die sich seit Goethes Italien-besuch nicht wesentlich verändert hat. Hier und dort stehen einige moderne Häuser, aber die ganze Majestät der griechischen Tempel von Paestum wird dadurch in keiner Weise beeinträchtigt. Nahezu perfekt erhaltene Tempel, umgeben von Wiesen, Olivenbäumen und Zypressen. Sie gehören zu einem Naturschutzpark, der sich bis zum Meer erstreckt.

Uralte Ortschaften mitten in einer typisch süditalienischen Landschaft und fast immer mit Blick aufs Meer (oben). Der Poseidon-Tempel in Paestum gilt als einer der am besten erhaltenen griechischen Tempel im gesamten Mittelmeerraum (unten). Ideal für Taucher und Bootsfahrer: die felsige Küste mit ihren Grotten bei Marina di Camerota (rechts).

Bereits in den Siebzigerjahren diskutierte man über die Einrichtung eines Parks, der die unberührte Natur des Cilento in der süditalienischen Region Kampanien vor der Baumafia schützen sollte. Schon zu dieser Zeit waren weite Landstriche des einstmals so schönen Süditaliens durch – zumeist illegal errichtete – Gebäude verschandelt worden. Im Cilento wollte man das verhindern, und so kam es im Jahr 1991 schließlich zur Gründung des rund 180 Hektar großen Nationalparks Cilento und Val di Diano.

Das Naturparadies muss jedoch auch in Zukunft weiter vor den illegalen Machenschaften der Baulöwen geschützt werden. Denn in der in weiten Teilen von der organisierten Kriminalität durchdrungenen Region sind bauliche Übergriffe leider nicht die Ausnahme, sondern vielmehr die Regel.

Griechische Tempel in zauberhafter Landschaft

In dem Naturschutzpark liegen verschiedene bedeutende archäologische Zonen. Die bekannteste davon ist Paestum. Als in der Antike ganz Süditalien zu Großgriechenland gehörte, errichtete man im heutigen Paestum, das damals Poseidone hieß, den Göttinnen Hera und Athena zwei Tempel. Wie durch ein Wunder sind diese beiden Sakralbauten aus dem 6. und 5. Jahrhundert v. Chr. erhalten geblieben, ihre mächtigen Säulen und Quergiebel und das Mauerwerk. Nur die Dächer, die aus Holz waren, haben nicht überlebt.

Die zum Himmel hin offenen Bauten mit ihren dorischen und ionischen Säulen bieten einen ungemein reizvollen Anblick – vor allem an jenen Tagen, an denen der archäologische Park nicht voller Touristen ist. Empfehlenswert ist ein

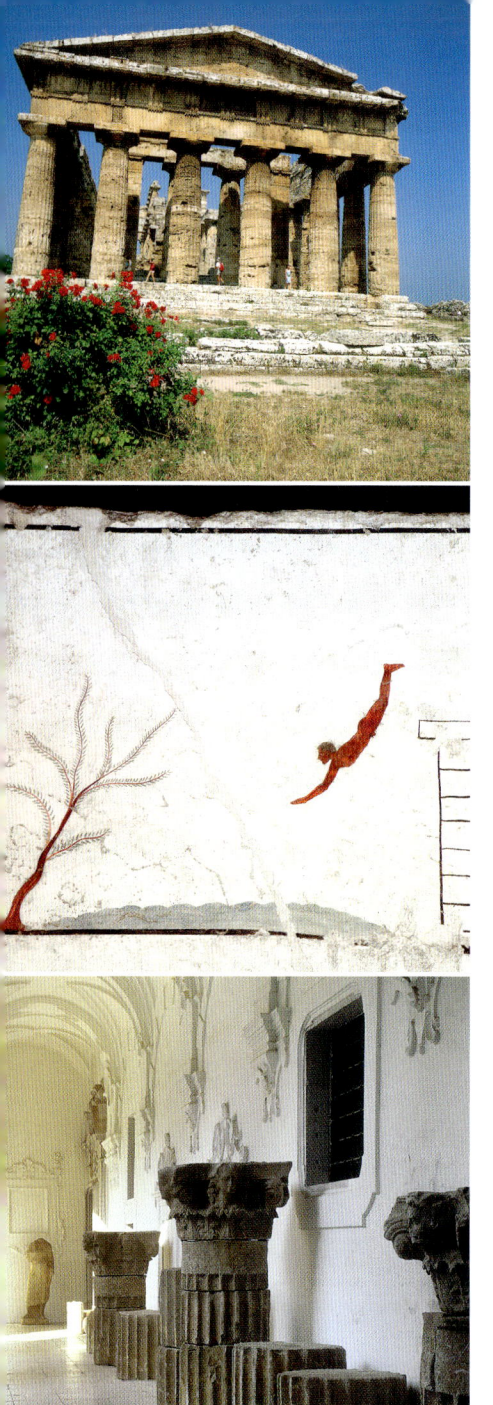

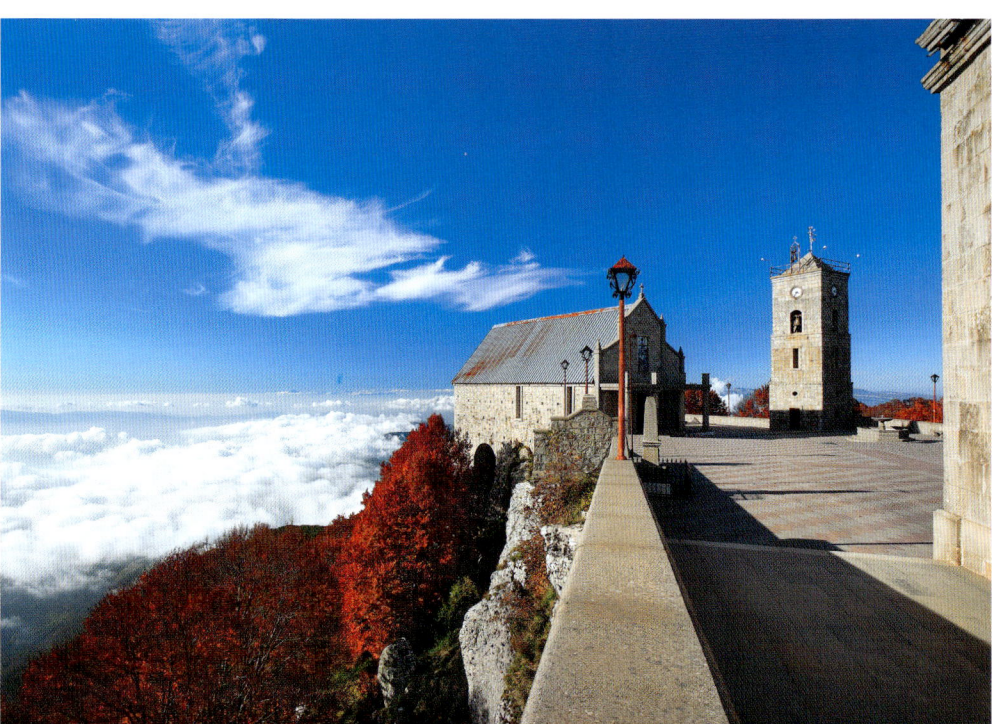

Fast komplett erhalten: der Hera-Tempel (oben). Griechischer Turmspringer im Nationalmuseum in Paestum (Mitte). Der Innenhof der Certosa di San Lorenzo in Padula (unten). Ein Ausflug zum Monte Gelbison lohnt sich (rechts oben). Romantische Cilento-Küste, hier zwischen Capo Palinuro und Marina di Camerota (rechts unten). Paestums Via Sacra (rechts oben).

Besuch am späten Nachmittag, kurz bevor der Park schließt.

Der Tempel der Hera ist einer der größten griechischen Tempel des Mittelmeerraums und der älteste der drei Tempel in Paestum. Zur Anlage gehören zudem verschiedene Zivilbauten, darunter die ebenfalls zu besichtigenden Ruinen des ehemaligen Forums und der Agora sowie ein Amphitheater.

Beeindruckend ist auch die gut erhaltene Stadtmauer, die ebenfalls noch aus griechischer Zeit stammt. Sie ist 4,75 Kilometer lang und verfügt über 28 Verteidigungstürme. Zu der Wehranlage gehören vier Tore, die von den Römern errichtet wurden.

Spaziergang zu antiken Gräbern

Auf dem archäologischen Gebiet befinden sich auch einige Nekropolen. Die größte liegt einen Kilometer von Paestum entfernt. Die Necropoli del Gaudo wurde durch Zufall 1944 von Soldaten der Alliierten entdeckt. Auf 2000 Quadratmetern kamen hier 34 antike Gräber ans Tageslicht. Die in den Gräbern gefundenen sakralen Objekte sind im Museum von Paestum ausgestellt. Dazu gehören auch die erstaunlich gut erhaltenen Malereien aus der berühmten *Tomba del tuffatore*. In diesem »Grab des Tauchers« aus dem 5. Jahrhundert v. Chr. fand man eine Wandmalerei mit der Darstellung eines nackten jungen Mannes, der von einem Gerüst, das an ein modernes Sprungbrett erinnert, in ein Gewässer springt.

Etruskische Einflüsse auch in Süditalien

Überraschend ist bei dieser und anderen Darstellungen die Nähe zur etruskischen Malkunst. Wissenschaftlichen Thesen

zufolge bestanden engste Beziehungen zwischen den Etruskern in Mittelitalien und ihren griechischen Nachbarn in Griechenland und im übrigen Italien. Der etruskische Einfluss wird auch deutlich bei anderen Darstellungen, die das Leben der damaligen Bewohner Paestums zeigen – vor allem bei Bildern von Gastgelagen. Die Positionierungen und die Körperformen der abgebildeten Personen sowie die Farben der Malereien weisen große Ähnlichkeiten mit den Fresken aus etruskischen Gräbern im nördlichen Latium auf.

Männer mit Männern

Rätselhaft muten die auf den ersten Blick homoerotisch wirkenden Darstellungen dieser Gelage an. Da liegen ältere, durch Bärte als solche gekennzeichnete, mit jungen bartlosen Männern zusammen und berühren sich in eindeu-

tigen Haltungen. Die griechische Malerei verwendet dieses Sujet, weil die freundschaftlichen Beziehungen zwischen reifen und adoleszenten jungen Männern in gewisser Weise zum guten Ton der griechischen Gesellschaft gehörten. Bemerkenswerte archäologische Funde gibt es auch in Marina di Camerota zu besichtigen. Die Ortschaft mit ihrem breiten und wunderschönen Sandstrand liegt direkt am Meer. Im ganzen Gebiet rund um das Städtchen lassen sich sehenswerte prähistorische Grotten entdecken. In diesen Höhlen wurden menschliche Artefakte gefunden, die bis aus der Steinzeit datieren.
Bei der Ortschaft Ascea befinden sich griechische und römische Relikte, die ebenfalls malerisch in die Landschaft eingebettet sind. Zu sehen sind zum Beispiel ein Amphitheater, eine Akropolis und römische Thermen.

37 Castel del Monte

Wo die Burg des Stauferkaisers Rätsel aufgibt

Der Stauferkaiser Friedrich II. regierte im 13. Jahrhundert ganz Süditalien. Ein für seine Zeit ungewöhnlich aufgeklärter Herrscher, der die Nähe der Araber suchte und sie in sein Reich integrierte und sich damit den Hass des Papstes in Rom zuzog. Friedrich II. errichtete in ganz Süditalien Burgen und Schlösser. Das mit Abstand interessanteste und faszinierendste ist das Castel del Monte in der Region Apulien.

Schon von Weitem ist es gut sichtbar: das Castel del Monte, das sich auf einem Hügel in der flachen Murge, einer landwirtschaftlich genutzten Ebene nahe dem Städtchen Andria, erhebt. Im Jahr 1240 wurde mit dem Bau des Schlosses begonnen. Jede Mauerseite der achteckigen Anlage ist 10,30 Meter breit, jeder der Türme hat einen Durchmesser von knapp 8 Metern und ist 24 Meter hoch. Der Innenhof misst 17,85 Meter im Durchmesser.

Die äußerst elegante Anlage besitzt fast schon die klassische Schönheit einer Wehranlage der Renaissance. Ihre ungemein harmonischen Massen weisen wahrscheinlich darauf hin, dass die Baumeister Entwürfe antiker Architekten kannten. Die Funktion des Kastells ist unbekannt, man vermutet aber, dass Friedrich II. hier Hof hielt.

Die Konstruktion der Burg wirft einige Rätsel auf. Interessant ist ihre Ähnlichkeit mit dem Kastell Khan-i-Khurra in Dehbid im heutigen Iran. Nicht auszuschließen ist zudem, dass Friedrich II. von einem Bauwerk in Erkilet in Zentralanatolien hörte, das zur selben Zeit errichtet wurde, und sich von dessen Gestalt beeinflussen ließ.

Wie es heißt, war der Kaiser bei der Planung des Bauwerks mitbeteiligt, deshalb erinnere das Kastell an die Form einer Kaiserkrone. Aus diesem Grund wird es heute auch immer wieder »Krone Apuliens« genannt.

Das Interesse des Staufers an den für ihre Zeit wissenschaftlich enorm fortschrittlichen Arabern könnte ein Indiz zur Erklärung des Bauwerks sein. Das Castel del Monte könnte auch eine Abwandlung eines beliebten arabischen Baumusters sein, für das Architekturelemente der Araber benutzt wurden.

Auch vor verwegenen Theorien schreckte man nicht zurück: Wissenschaftler aus Bari etwa stellten die Hypothese auf, das Kastell stehe mit den ägyptischen Pyramiden in Giseh in einer Beziehung. Bei dieser und anderen Vermutungen wird mit Zahlensymbolen und astrologischen Hinweisen gearbeitet.

Das Castel del Monte liegt auf einem Hügel und gibt immer noch zahlreiche Rätsel auf: Niemand kann sich erklären, warum der Kaiser es in dieser Form errichten ließ (oben). Das Innere fasziniert durch hohe und klar gegliederte, fast schon elegante gotische Räume (unten).

140

38 Trulli in Alberobello

Wo seltsame Bauten staunen machen

Wer zum ersten Mal durch die ebene Landschaft bei Alberobello in Apulien fährt, glaubt sich in einer Zauberlandschaft: Rechts und links der Straße ragen zahllose kuriose Bauten auf, die in der Regel blütenweiß sind und an Behausungen für Schlümpfe erinnern. Dies sind die Trulli, eigentümliche Bauwerke, die in früheren Jahrhunderten eifrig gebaut und genutzt wurden und sich seit einigen Jahrzehnten immer größerer Beliebtheit erfreuen.

Sie sehen aus wie Kegel und bestehen aus übereinandergelegten rechteckigen Steinen, die zur Mitte hin in der Höhe kreisförmig zusammenlaufen. Obenauf sitzt ein Schlussstein, der den Trullo krönt. Meist stehen mehrere Trulli zusammen und bilden einen Gebäudekomplex. Immer öfter finden sich darin Hotels, Ferienwohnungen und Ferienhäuser von Italienern nicht nur aus der Umgebung, sondern auch aus Mailand und Rom. Es ist chic geworden, einen Trulli bei Alberobello zu besitzen.

Bei dem ganz in Weiß gehaltenen, fast das ganze Jahr über romantisch verschlafenen Dorf Alberobello mit seinen kleinen Gassen und den hübschen Plätzen gibt es besonders viele dieser Bauten – ein ungewöhnlicher Anblick!

Die Trulli erinnern in ihrer rudimentären, aber rationalen Bauweise an andere Bauwerke in Südeuropa. So findet man zum Beispiel auf Sardinien ähnliche Steingebilde, deren Ursprung und Benutzung unbekannt sind: die runden Steinbauten in Su Nuraxi bei Barumini stammen aus dem 12. Jahrhundert v. Chr. .

Bei den Trulli weiß man, dass sie den Bauern als »Lagerhallen« dienten. Deshalb waren sie auch früher steuerfrei, weil sie nicht als Wohnhäuser galten. Für die Existenz der vielen Trulli bei Alberobello gibt es eine historische Erklärung. Der Herzog von Aquaviva Girolamo II. entschied Ende des 13. Jahrhunderts, dem Stauferkaiser keine Steuern mehr für Neubauten zu entrichten, und begann mit dem Bau der Trulli, die ja nicht mit Steuern belegt waren. Dieses Beispiel machte Schule. Der Legende nach brachte man die besonders großen Trulli, die als Wohnhäuser genutzt wurden, in Windeseile zu Fall, wenn kaiserliche Kontrolleure auftauchten: Man zog einfach ein paar Steine aus den Rundmauern, schon fielen diese zusammen. Waren die Kontrolleure weg, baute man den Trullo wieder auf. Das bedeutete zwar Arbeit, sparte aber viel Geld.

Ein Traum von einer Stadt. Alberobello ist die Hauptstadt der Trulli, die es nur in dieser Gegend gibt (oben). In den Trulli kann man auch wohnen, in einem Hotel oder auch in einer ganzen Ferienwohnung (unten).

Laden zum Bummeln ein: die Gassen und Gässchen in Matera (oben). Die vielen Felsenkirchen von Sassi sind häufig mit mittelalterlichen Malereien verziert (unten). Von der barocken Stadt aus wirken die Sassi wie eine gigantische Krippe (rechts unten). Nachts, zauberhaft ausgeleuchtet, bescheren sie Spaziergängern eine magische Atmosphäre (rechts oben).

39 Höhlenwohnungen Sassi di Matera

Wo ein Loch eine ganze Stadt birgt

Der Eindruck ist gewaltig, wenn man sich den Sassi von der Ortschaft Matera aus nähert. Ein hübscher provinzieller Ort mit vielen barocken Gebäuden. Und dann steht man plötzlich vor einem Loch. Ein gigantisches Loch, das bis in seine Mitte hinein mit merkwürdigen Gebäuden angefüllt ist, die uralt sind. Das Bild wirkt wie ein Dorf, das, anstatt in die Höhe, in die Tiefe errichtet wurde.

Diese Wohnhäuser heißen *sassi*, Plural von *sasso*, auf Deutsch: der Stein. Sie wurden in den Felsen geschlagen und nicht Stein für Stein aufgebaut. Die Sassi di Matera sind ein weltweit einmaliger Ort, weshalb die UNESCO sie 1993 als Welterbe adelte.

10 000 Jahre bewohnt
Die ersten Wohnräume wurden vor rund 10 000 Jahren in den weichen Stein geschlagen. Ähnliche Bauweisen kennt man aus Nordafrika. Im südlichen Tunesien etwa reichen die berühmten Höhlenwohnungen bis zu 20 Meter in die Tiefe. Ein solches Prinzip wandte man auch in Matera an. Die kleine Stadt liegt in der Region Basilikata zwischen Kalabrien und Apulien.
Die Sassi von Matera waren von der Bronzezeit bis in die Fünfzigerjahre des 20. Jahrhunderts ununterbrochen besiedelt. Nach Ende des Zweiten Weltkriegs entschied die italienische Regierung, dass sie dem Leben in einem modernen Staat nicht mehr entsprächen und unge-

sund seien. Die Bewohner wurden in Neubauten umgesiedelt und die Sassi verfielen. Erst seit wenigen Jahren werden sie als chic wieder entdeckt.
Im 9. Jahrhundert n. Chr. begannen die Menschen in Matera im großen Stil Kirchen und Wohnhäuser aus dem Felsen zu schlagen. Dabei drang man immer tiefer in die Erde vor. Im Mittelalter übernahm man auch das Wasserleitungssystem, das bereits in der Antike in den Sassi Anwendung gefunden hatte. Dafür nutzte man beim Verlegen der Röhren so geschickt das Gefälle der in die Erde wachsenden Stadt aus, dass frisches Wasser immer vorhanden war.
Seit einigen Jahren wird dieses Wasserleitungsnetz wieder aktiviert. Es basiert auf einer so verblüffend einfachen Technologie, dass es die in Rom ansässige Welternährungsorganisation FAO, wie die UNESCO eine Unterorganisation der Vereinten Nationen, in finanzschwachen, wasserarmen Ländern testet.
Man kann in den Sassi verschiedene Bauepochen unterscheiden. So gibt es

eine neolithische und eine normannisch-schwäbische Epoche, eine Epoche der Renaissance und des Barocks. Alle Bauten liegen unter- und übereinander. So ist ein faszinierendes Labyrinth entstanden, in dem man sich leicht verlaufen kann. Doch auch die Irr- und Umwege machen hier großen Spaß, denn die Sassi von Matera stellen eine der fantastischsten Orte dar, die man sich überhaupt vorstellen kann. Nicht ohne Grund wählen immer wieder Regisseure die Sassi als Kulisse für ihre Filme aus. Hier drehten zum Beispiel schon Pier Paolo Pasolini und Mel Gibson.

Man unterscheidet in Matera verschiedene Sassi, wobei der Begriff *sasso* auch Quartier oder Stadtteil bedeuten kann. Im Sasso Caveoso etwa staffeln sich die aus dem Fels geschlagenen Häuser wie in einem Amphitheater in die Höhe. Wenn hier abends die Lichter angehen, schaut der Sasso wie eine riesige Krippe aus. Der Sasso Barisano hingegen liegt direkt an einem Felshang. Über beiden Sassi thront eine mächtige romanische Kathedrale aus dem 13. Jahrhundert.

Die Kapellen der Eremiten

Direkt hinter den Sassi erstreckt sich die wildromantische Landschaft der Gravina di Matera. In diesem in Jahrmillionen aus dem Stein gewaschenen Canyon ragen zu beiden Seiten die Felsformationen steil in die Höhe auf. In der Schlucht ließen sich Frühchristen als Eremiten nieder. Sie waren die Ersten, die ihre Einsiedeleien und dann kleine Kapellen in den weichen Felsstein schlugen und ausmalten.

Mit der Zeit folgten immer mehr Einsiedler und schließlich Ordensgemeinschaften, die sich hier ansiedelten und Klöster und Kirchen in den Fels schlugen. Immer größere Bauten entstanden im Stein und immer wieder wurden sie prächtig ausgemalt.

Im 19. Jahrhundert wurden die Felsenkirchen weitgehend vergessen oder nur noch als Ställe genutzt. Erst seit Kurzem hat man angefangen, sie zu restaurieren und wieder zugänglich zu machen. Sie gehören sicherlich zu den faszinierendsten Sakralbauten Italiens, auf jeden Fall aber zu den ungewöhnlichsten.

Wenn die Piazza zum Salotto, zur guten
Stube unter freiem Himmel, wird: der
Domplatz von Ortyga in Siracusa (oben).
Noto lässt sich in einer traditionellen
Kutsche toll erkunden (Mitte). Siziliani-
sche Heiligenfeste sind ein Erlebnis, hier
das Fest des Heiligen Paulus in Palazzolo
Acreide (unten). Die Insel Vulcano mit
ihren traumhaften Buchten (rechts).

Die Inseln

40 Nuraghe von Barumini

Steinerne Zeichen aus vergangener Zeit

Nuraghen können klein sein, aber auch groß wie eine Burg. Für ihren Bau benutzte man keinen Mörtel, und niemand weiß so genau, wozu sie dienten. Auf Sardinien findet man sie in wunderschönen, wildromantischen Gegenden fernab der Städte. Von Bäumen und Büschen umgebene steinerne Zeichen aus einer anderen Zeit, unerklärlich, mysteriös und geheimnisvoll.

Aus der Nuraghen-Kultur auf Sardinien stammt auch diese 3000 Jahre alte Kammer mit langem Eingangsbereich (oben). Auf fast allen Hügeln im Innern der Insel befinden sich Nuraghenkomplexe, wie hier Su Nuraxi bei Barumini (rechts unten). Meistens stehen die rätselhaften Bauten immer noch in wilder Natur und müssen erwandert werden (rechts oben).

Man nennt sie Nuraghe oder Nuraghen. Die Einheimischen bezeichnen sie auch als *runaghes*, *nuracix* und *nuraxis*. Nuraghen sind runde turmartige Bauwerke aus Stein, die man auf ganz Sardinien findet und die irgendwann vor Christus errichtet wurden.

Welches Volk baute die Nuraghen?

Historikern zufolge stammen die meisten Nuraghen aus dem 2. Jahrtausend v. Chr. Exaktere zeitliche Bestimmungen mithilfe von Steinanalysen sind nicht möglich; bei der Datierung kann man sich nur auf die in den Bauten gefundenen menschlichen Überreste und Gegenstände aus jener Zeit verlassen, etwa Terrakotten und Bronzen.
Die Nuraghen waren die Wohnzentren jener Menschen, jener Kultur und jenes Volkes, das damals Sardinien bewohnte. Aus diesem Grund, und weil es andere namentliche Bestimmungen nicht gibt, spricht man in diesem Zusammenhang von der sardischen Nuraghenkultur.

Neben kultischen Stätten, wie beispielsweise Stonehenge im südlichen England, sind die Nuraghen die größten megalithischen Bauten, die bislang in Europa bekannt sind. Über 7000 Nuraghen aller Art können auf der gesamten Insel entdeckt werden. Experten vermuten aufgrund ausgegrabener Steinreste, dass in früheren Zeiten circa 20 000 dieser Bauwerke auf Sardinien existierten. Ihren Höhepunkt erlebte die sardische Nuraghenkultur zwischen dem 9. und 5. Jahrhundert v. Chr. In jener Zeit begannen zuerst die Karthager und später die Römer langsam aber sicher die italienische Halbinsel zu erobern. Die Römer machten auch der uns heute unbekannten Kultur auf Sardinien den Garaus: Die Insel war für sie als Kornkammer ungeheuer wichtig und sollte deshalb nur in römischer Hand sein.

Uralte Spekulations-Objekte

Nuraghen gibt es als einzelne Türme, mit rundem oder eckigem Grundriss, als Einzelbauten oder größere Komplexe.

Über den Zweck und die Nutzung dieser Bauten kann man meist nur spekulieren. Die Nuraghenkultur hat keine schriftlichen Zeugnisse hinterlassen, und auch Beschreibungen durch Autoren anderer Völker sind nicht bekannt. Anscheinend lebten die Menschen dieser rätselhaften Kultur in einer Art splendid isolation ohne Kontakt zu den Völkern auf dem italienischen Festland. Aber das ist nur eine Hypothese.

An einigen Orten Sardiniens stehen mehrere turmartige Nuraghen in fast exakt gleichem Abstand, so etwa bei Cabu Abbas, Trexenta und Marmilla. Waren sie Kommunikationstürme, um sich mit Feuer- oder Rauchzeichen über größere Entfernungen zu verständigen? Oder waren sie Wachtürme, um die Ankunft unbekannter Schiffe vom Meer her zu vermelden? Fachleute vermuten auf jeden Fall aufgrund der Form der Bauwerke, dass sie in der Regel als Wachtürme dienten und wohl auch als Fluchtburgen genutzt wurden – auf Letzteres deuten die zehn Meter dicken Mauern hin.

Die Nuraghe Arrubiu bei Orroli hingegen war womöglich die Residenz eines lokalen Herrschers. Zu der Anlage gehören 17 Nuraghentürme, dicke Schutzmauern und Freiflächen, die mit Sicherheit für Versammlungen oder auch als Handelsplätze dienten.

Die beeindruckendste Nuraghen-Anlage trägt den Namen Su Nuraxi und befindet sich bei Barumini, im Zentrum der Insel. Seit 1997 zählt sie zum UNESCO-Welterbe. Die komplexe Anlage besteht aus Dutzenden von Gebäuderesten und wird von einer hohen Turmanlage dominiert. Der zentrale Turm, aus großen behauenen Steinen und ohne Mörtel errichtet, war ursprünglich 18,5 Meter hoch. Wahrscheinlich war Su Nuraxi eine Burganlage, in der einige Hundert Menschen lebten.

Wer die Nuraghen besichtigen möchte, muss in der Regel eine Wanderung durch die herbe, wilde, aber so überaus reizvolle Landschaft Sardiniens unternehmen. Dabei sollte man feste, knöchelhohe Schuhe anziehen, denn auf der Insel gibt es giftige Schlangen.

AN DER WESTKÜSTE IM GLÜCK

Nuraghen finden sich auf ganz Sardinien und sind von fast allen Badeorten aus mit dem Pkw zu erreichen. Neben den mondänen Badeorten an der Costa Smeralda empfiehlt sich auch ein Aufenthalt an der touristisch weniger erschlossenen Ostküste, zum Beispiel im Hotel Le Dune südlich von Oristano. Das Haus steht einsam und isoliert wie in einer Wüste direkt am Meer und ist über eine Sandpiste zu erreichen. Dünen, azurblaues Meer und totale Weltabgeschiedenheit – dieses Hotel zählt zu den interessantesten auf der ganzen Insel.

WEITERE INFORMATIONEN

Le Dune, Marina di Arbus, località Piscinas Sud, Tel. 070-97 71 30, www.leduneingurtosu.it

ÄOLISCHE INSELN
STROMBOLI
Vibo Valéncia
PANAREA
LIPARI
Messina
Locri
Montalto ▲1955
Cefalù
Reggio di Calabria
Nicosia
Ätna ▲3323
Taormina
Enna
Cátania
Caltanissetta
★ Villa del Casale
Licata Gela Pantàlica
Syrakus

Ein traumhafter Ort: ein kleiner Hafen auf der Insel Alicudi, wo man früher wie heute vom Fischfang lebt (oben). Weiße Häuser, große Terrassen mit Säulen, die ein hölzernes Dach tragen: typische Architektur auf der Insel Ginostra (unten). Blick von Strombolicchio auf die kegelförmige Insel Stromboli mit ihrem immer noch aktiven Vulkan (rechts).

41 Äolische Inseln

Wo mitten im Meer Vulkane ruhen und spucken

Sieben Inseln vulkanischen Ursprungs. Eine davon spuckt immer noch Lava. Sie liegen vor der kalabresischen und sizilianischen Küste über einem unterirdischen Magmafeld, das immer noch gefährlich brodelt. Die Äolischen Inseln sind seit der Antike bewohnt und gelten als die vielleicht schönsten Eilande Italiens. Relativ klein und dünn besiedelt, bieten sie Einsamkeitssuchern ideale Urlaubsmöglichkeiten.

Bei gutem und klarem Wetter ist der Vulkankegel von der kalabresischen Küste aus in der Ferne deutlich zu erkennen. An manchen Tagen steigt aus seiner Kegelspitze eine riesige Gaswolke auf, die sich dann kilometerweit am Himmel entlangzieht.

Der spuckende Kegel im Meer
Der Stromboli ist neben Neapels Vesuv und dem Ätna auf Sizilien der dritte aktive Vulkan Italiens. Während der Ätna nur langsam ausfließt und somit trotz seiner Aktivitäten ein kalkulierbares Risiko darstellt, könnte der Stromboli, wie in der Vergangenheit geschehen, kraftvoll ausbrechen. Wie der Vesuv.
Ein solches Szenario würde nicht nur die sommerlichen Touristen und die Einheimischen in Gefahr bringen, die an den Hängen des Stromboli in weißen Häusern leben, sondern auch die Küstenbewohner Kalabriens. Vulkanologen schließen nicht aus, dass ein Ausbruch des Strombolis einen tödlichen Tsunami nach sich ziehen könnte.

Stromboli ist die östlichste der Äolischen Inseln. Die kleine, nur 12,6 Quadratkilometer große Insel besteht eigentlich nur aus einem Vulkankegel und wirkt sehr pittoresk. Die weißen Häuser und der braunschwarze Lavastein ziehen immer wieder Künstler und Intellektuelle aus aller Welt an. Die Insel ist ein Ort des Rückzugs, um die moderne Welt hinter sich zu lassen. Diese Weltabgewandtheit wirkt noch intensiver, wenn wegen stürmischen Wetters der Schiffsverkehr eingestellt wird und der Strom ausfällt. Der Vulkan ist rund 1000 Meter hoch und besteigbar. Unterhalb des Meeresspiegels setzt sich sein Kegel bis in 1700 Meter Tiefe fort. Der Stromboli wird vom nationalen italienischen Vulkanforschungsinstitut überwacht, um böse Überraschungen zu vermeiden. Stromboli, Alicudi, Filicudi, Lipari, Panarea, Salina und Vulcano – die sieben Inseln bilden zusammen mit einigen kleinen Felsen im Meer dieses Archipel von seltener Schönheit und ungewöhnlichem landschaftlichem Reiz.

Von Stromboli aus kann man Ginostra und Panarea (Mitte) mit ihren prähistorischen Bauten (oben) sehen. Die Bemalung der Boote soll Meeresungeheuer abschrecken (unten). Weiß leuchten die Kirchen auf Stromboli (rechts oben), und ihr aktiver Vulkan sieht malerisch aus – von Weitem … (rechts unten). Das Sirenetta Park Hotel auf Stromboli (ganz rechts oben).

Dampfend, einsam und im Sommer sehr beliebt

Vulcano ist eine andere aktive Vulkaninsel. Hier leben knapp 700 Menschen. Die Insel war schon in der Antike berühmt, soll hier doch der Feuergott Vulkan gelebt haben. Der Besucher erkennt gleich, dass Vulcano aus verschiedenen Vulkanen entstanden ist. Der dominierende Vulcano della Fossa ist ein erloschener Feuerspeier. Der letzte Ausbruch auf der Insel fand Ende des 19. Jahrhunderts statt – doch ruhig ist Vulcano noch längst nicht. Fumarolen auf der ganzen Insel zeugen von den unruhigen Vorgängen tief im Erdreich. Alicudi, die westlichste der Äolischen Inseln, erhebt sich als erloschener, breiter Vulkankegel aus dem Meer. Sie ist nur etwas über fünf Quadratkilometer groß und ein Paradies für Taucher. Auf der Insel gibt es nur eine einzige Ortschaft. Sie ist das ideale Ziel für Bergwanderungen und absolute Einsamkeit. Filicudi ist knapp zehn Quadratkilometer groß und erhielt erst 1986 elektrischen

Strom. Bis dahin brachten Kerzen Licht. Doch auch der Strom verhindert nicht, dass man sich hier, vor allem außerhalb der Sommersaison, wie in einer anderen Welt und Zeit fühlt. Filicudi und die anderen kleinen Äolischen Inseln sind vielleicht die einsamsten Orte in Italien, das in der Regel stark bebaut und dicht bewohnt ist. Es sind Aussteigerorte, weshalb man hier oftmals auf alternative Zeitgenossen stößt.

Schon in vorgeschichtlicher Zeit lebten auf Filicudi Menschen. Bei Capo Graziano finden sich Reste eines neolithischen Dorfes. Ein anderes vorzeitliches Dorf lag bei Le Macine. Die Ruinen sind über einen wildromantischen Eselspfad zu erreichen.

Die ganze Insel ist mit niedrigen Sträuchern und anderen Pflanzen bewachsen und ideal für Wanderungen.

Lipari ist weniger einsam und im Sommer das Ziel vieler Touristen, die entweder mit ihren Booten oder in die Hotels anreisen. Seit dem Neolithikum siedelten hier Menschen, größere Siedlungen

entstanden vor allem in der Bronzezeit. Abgebaut wurde Obsidian, die Haupt-einnahmequelle der Insel. Funde aus griechischer und römischer Zeit zeigt das Inselmuseum im Castello di Lipari. Panarea ist die flachste der sieben Inseln und fast komplett mit typisch mediterra-ner Macchia bewachsen. Verlockend sind hier kleine und sehr malerische Badebuchten. Die einzigen Zeugnisse der einstmals vulkanischen Tätigkeit fin-den sich am Strand Spaggia della Calca-ra, wo noch heute aus Fumarolen kochend heißer Dampf aus dem Erdin-neren austritt.

Auch wenn auf Panarea in den letzten Jahren stark gebaut wurde, ist die Insel noch nicht so dicht besiedelt wie bei-spielsweise Ischia. Im Gegenteil. Seit einiger Zeit bemüht man sich, das Insel-image, »Isola dei VIP«, aufzubessern und mit weniger Hotels und mehr Komfort Touristen anzulocken, die sich länger auf der Insel aufhalten.

Kapern und süßer Wein

Salina teilt die geologische und histori-sche Geschichte der anderen Äolischen Inseln. Das nur 27 Quadratkilometer kleine Eiland entstand aus zwei erlosche-nen Vulkanen. Schon in der griechischen Antike war Salina stark besiedelt. Auf dem an Süßwasser reichen Eiland wird seit jeher Landwirtschaft betrieben und seit der Antike baut man Wein an. Der Malvasia di Lipari ist einer der bekann-testen und begehrtesten, aber leider auch kostspieligsten Süßweine Italiens. Berühmt ist Salina auch für seine inten-siv wohlschmeckenden Kapern, die in alle Welt exportiert werden.

Im Jahr 1994 wurde Lipari auch durch das Kino weltberühmt: Der englische Regisseur Michael Radford drehte hier den Film »Der Briefträger« mit Massimo Troisi und Philippe Noiret in den Haupt-rollen. Der preisgekrönte Streifen lockte in den Jahren danach viele Touristen auf diese malerische Insel.

Wie Berge, die aus dem Meer herausragen:
die kleine Insel Basiluzzo im Vordergrund
und Stromboli dahinter. Blick von einer
Terrasse auf Panarea.

Siracusas historisches Zentrum, Ortygia, ist seit rund 2500 Jahren bewohnt (oben). Aus dem Mittelalter: das Castello Maniace auf der Halbinsel von Ortygia (unten). Im griechischen Theater wird heute wieder gespielt, beispielsweise griechische Dramen (rechts unten). In die griechischen Tempel baute man christliche Kirchen wie die Kathedrale von Siracusa (rechts oben).

42 Syrakus und die Felsengräber von Pantalica

Wo einst die Griechen herrschten

Eine Altstadt und eine Nekropole. Die UNESCO ernannte Siracusa und die Felsengräber von Pantalica zum Weltkulturerbe, weil die historischen Überreste und Bauten auch nach über 2000 Jahren ungemein gut erhalten geblieben sind. Das Nebeneinander der architektonischen Schätze in der ehemals griechischen Hafenstadt sucht selbst in Italiens seinesgleichen.

Die Hafenstadt an der östlichen Küste Siziliens wurde im 8. Jahrhundert v. Chr. von einem griechischen Adligen gegründet. In den folgenden vielen Jahrhunderten wurde sie römisch, byzantinisch und arabisch, gehörte zu Spanien und schließlich zu Italien. Für den römischen Schriftsteller Cicero war das antike Syrakus »die größte und schönste Stadt Griechenlands«. In der »Ortygia« genannten Altstadt stehen noch heute so viele historische Gebäude, dass man mindestens zwei Tage benötigt, um alles gesehen zu haben. Und das auf einer Fläche von nur einem Quadratkilometer!

Christliche Kirche in griechischem Tempel

Ortygia ist eine Insel, die mit der übrigen Stadt allerdings eng verbunden ist. In der Mitte des historischen Zentrums steht eine der interessantesten und ungewöhnlichsten Kirchen Italiens: Der Dom mit der prächtigen barocken Fassade ist direkt in die außergewöhnlich gut erhaltenen Reste eines griechischen Tempels für die Göttin Athene gebaut worden. Der Tempel, wurde im 5. Jahrhundert v. Chr. nach einer erfolgreichen Seeschlacht gegen Karthago errichtet. Von diesem, laut Cicero, reich geschmückten Tempel sind noch alle neun Säulen – im Dom – erhalten. An der linken Außenmauer der Kirche sieht man die Säulen in ihrer ursprünglichen Anordnung, die Zwischenräume wurden mit Mauerwerk aufgefüllt.

Gut erhalten sind auch das Mauerwerk des Apollotempels und die antike Aretusaquelle. Um diese Quelle ranken sich zahlreiche Legenden, die von sämtlichen bedeutenden Schriftstellern der griechischen und römischen Antike thematisiert wurden.

Ortygia liegt direkt im Meer. Die Küstenstraße um die kleine Altstadt mit den weißen Häusern ist einen ausgedehnten Spaziergang wert. Keinesfalls verpassen

sollte man das Amphitheater, eines der größten des Mittelmeerraums, und die Katakomben. In Italien sind nur die Katakomben in Rom noch ausgedehnter. Das griechische Theater verfügt über eine so gute Akustik, dass dort seit einigen Jahren ein Theaterfestival veranstaltet wird. Berühmt ist auch das sogenannte Ohr des Dionysos. Die ohrförmige Steinöffnung wurde von Sklaven gemeißelt, die die Steine zum Bau der Stadt klopften. Durch das »Ohr« kann eine Person draußen genau hören, was drinnen geflüstert wird.

Das Hochplateau der Toten

Nicht weit von Siracusa entfernt stößt man auf die Nekropole von Pantalica, die malerisch in der schluchtenreichen Landschaft eines Hochplateaus liegt. Sie zählt zu den größten antiken Totenstäd-

ten des Mittelmeerraums und umfasst Tausende Grabhöhlen. Sie wurden zwischen dem 12. und 8. Jahrhundert v. Chr. von jenen Völkern in den Stein geschlagen, die vor der Ankunft der Griechen an der Küste lebten. Während der Überfälle der Sarazenen nach dem Fall des Römischen Reiches flüchtete ein Teil der Bevölkerung von Siracusa in die Nekropole und ließ sich dort nieder. Die Siedler in der Totenstadt wandelten einige ehemalige Gräber in Kapellen um und hinterließen byzantinische Malereien.
Da es auf dem ungeschützten Hochplateau sehr heiß werden kann, besichtigt man die Nekropole im Sommer am besten nur morgens oder am späten Nachmittag. Und bei Sonnenuntergang kann man sich wohl kaum einen romantischeren Ort vorstellen.

43 Spätbarocke Städte des Val di Noto

Wo beschwingter Barock herrliche Plätze schuf

Modica, Noto, Palazzolo Acreid, Ragusa ibla, Scicli, Catania, Caltagirone und Militello. Eine Stadt ist schöner als die andere. Nahezu komplett im Barockstil errichtet und in einer Landschaft gelegen, die mit ihren zahllosen Olivenbäumen und Steinmäuerchen wie aus einem Gemälde vergangener Zeiten zu stammen scheint. Sämtliche Städte sind nach einem verheerenden Erdbeben 1693 in einem Barockstil errichtet worden, der so nur auf Sizilien und in der apulischen Stadt Lecce zu finden ist.

Auch der Palazzo Ducezio in Noto ist nach dem Erdbeben neu errichtet worden (oben). Das Teatro Vittorio Emanuele stammt aber aus dem 19. Jahrhundert (unten). Vor einigen Jahren stürzte die Kuppel der Kathedrale von Noto ein, nun sieht sie wieder aus wie neu (rechts unten). Wahre Kunstwerke: Wasserspeier an einem Palast in Noto (rechts oben).

Was in Noto sofort ins Auge fällt, sind die üppigen Dekorationen seiner Paläste und Kirchen. Den Baumeistern, die nach dem Erdbeben die Aufgabe erhielten, ganze Städte neu zu errichten, scheinen an *horror vacui* gelitten zu haben.

Im Vergleich zum römischen oder französischen Barock, die ja nun beide auch nicht gerade minimalistische Stile sind, feiert die Dekorationslust im Val di Noto ein noch rauschenderes Fest. Masken und Girlanden und alle nur denkbaren Formen wurden genutzt, um Fassaden und Fenster, Portale und Türen zu schmücken. Ein prunkvoller Barock, der den Stolz und den Reichtum lokaler Adliger und Kirchenfürsten zum Ausdruck bringen sollte.

Malerisch wie alte Krippen

Da sich im wirtschaftlich rückständigen Val di Noto keine landschaftsverändern-den Industrien ansiedelten, blieben die Ortschaften intakt und Neubauviertel entstanden lediglich an den Stadträndern. Die historischen Zentren der Siedlung sind dadurch nahezu unversehrt erhalten geblieben, und aus diesem Grund ernannte die UNESCO das gesamte Gebiet zur Welterbestätte. Modica zum Beispiel. Die Stadt wurde an Hängen errichtet, die über und über mit historischen Bauten bedeckt sind. Wenn am Abend die Lichter angehen, wirkt die Altstadt wie eine gigantische Krippe mit hohen Kirchenfassaden und Glockentürmen, deren Straßen und Bauten in ein gelbliches Licht getaucht sind. Die vielleicht schönste Kirche ist San Giorgio. Errichtet wurde sie von dem berühmten Baumeister Rosario Giagliardi aus Siracusa, der auch in den anderen Städten des Val di Noto wirkte. Zu der monumentalen Fassade, die in ihrem Mittelfeld von einem großen Glocken-

turm gekrönt wird, führt eine prächtige Treppe mit 250 Stufen.

Noto – barocker Triumph

Noto ist eine komplett barocke Stadt und auf einer Hochebene gelegen. Die nach dem Erdbeben weitgehend schnurgerade angelegten Straßen wirken in ihrem barocken Prunk wie Bühnenbilder oder Kulissen für ein Theater. Nach dem Erdbeben erfolgte der Bau der neuen Stadt zehn Kilometer von der komplett zerstörten einstigen Ortschaft entfernt und wurde vom Repräsentanten des spanischen Vizekönigs, vom Herzog von Camastra, koordiniert. Er beauftragte die bedeutendsten sizilianischen Baumeister, eine nach seinen Vorstellungen barocke Idealstadt zu realisieren. Camastra beabsichtigte, das neue Stadtzentrum ganz im Sinn der perspektivischen Spielereien von barocken Bühnenbildern anzulegen. Das Resultat ist ein faszinierendes Spiel von abgerundeten Fassaden und Perspektiven, von Putten und Balkonen, von Voluten und Türmen. Besondere Aufmerksamkeit verdienen die Stützbalken der Balkone an den Palästen. Sie sind Skulpturengruppen von großer Ausdruckskraft.

Zu Notos Kathedrale führt eine breite Treppe hinauf. Sie machte 1996 international Schlagzeilen: Ihre Hauptkuppel stürzte ein und musste komplett neu errichtet werden. Damals wurde auch außerhalb des Val di Noto die finanzielle Misere der meisten Kommunen bekannt, die nicht wissen, wie sie die kostspieligen Restaurierungen ihrer historischen Altstädte finanzieren sollen. Einen Ausweg sehen viele hiesige Bürgermeister in den Bohrlizenzen, die an ein texanisches Unternehmen vergeben wurden, das mitten in der geschützten Landschaft des Tals nach Erdöl und Erdgas bohren will. Man verspricht sich davon einen willkommenen wirtschaftlichen Aufschwung, der allerdings die landschaftliche Harmonie und Integrität des Val di Noto bedrohen wird.

RESIDIEREN UND GENIESSEN

Wohnen in Modica bedeutet Wohnen in einer der schönsten barocken Kulissen Italiens. Am besten im Palazzo Failla, einer Residenz aus dem 18. Jahrhunderts die erst vor wenigen Jahren von Grund auf renoviert wurde. Sie bietet nur wenige, aber sehr gepflegte Zimmer mit viel Ambiente und Stil.

Das gute Restaurant La Gazza Ladra befindet sich im gleichen Palazzo. Hier dominiert eine kreative sizilianische Küche; der Weinkeller ist gut bestückt.

WEITERE INFORMATIONEN

Palazzo Failla, Modica, Via Blandini 5, Tel. 0932-94 10 59, www.palazzofailla.it
La Gazza ladra, Via Blandini 11, Tel. 0932-75 56 55, www.palazzofailla.it

44 Agrigent

Wo schon Goethe antike Tempel bestaunte

Goethe war hingerissen von den griechischen Tempeln nahe der kleinen Ortschaft Agrigent. Tempel ohne Dächer, aber mit massiven Säulen und den Mauern, die einst das eigentliche Heiligtum beherbergten. Mit original erhaltenen antiken Simsen und Treppen. Gelegen mitten in einer zum Meer hin abfallenden Landschaft, mit Olivenbäumen und einigen griechischen Grabmälern. Ein archäologischer Park von ungemeinem Reiz.

Elf antike Tempel, drei Heiligtümer, die Reste von acht zivilen Gebäuden wie eine Agora und ein Gymnasion, sieben Nekropolen und die Ruinen von 13 hellenistisch-römischen Gebäuden – Agrigent zählt zu den archäologisch bedeutendsten Städten Italiens. Auch wenn die moderne Stadt aufgrund illegaler und mafiöser Bauspekulation, gegen die Kunsthistoriker und Archäologen immer wieder protestieren, stetig näher an den großen archäologischen Park heranwächst, so hält dieser für seine Besucher doch nach wie vor einmalige Anblicke bereit.

Tempel mit Aussicht

Die am besten erhaltenen Tempel stehen südlich der Stadt auf einem lang gestreckten Hügel mit Blick Richtung Meer. Man kann sich gut vorstellen, wie strategisch wichtig diese Position in der Antike war, und zwar nicht nur um feindliche Angreifer rechtzeitig erblicken

zu können – so konnte man auch aller Welt den Reichtum der Handelsstadt eindrücklich demonstrieren.

Der Herakles- und der Zeus-Tempel, die Tempel des Castor und Pollux und der Hera. Dorische Säulen, mächtig und eindrucksvoll. Auch wenn sie teilweise eingestürzt sind … Der wohl eindrucksvollste Tempel ist der Concordia-Tempel. Er ist am besten erhalten, misst knapp 17 mal 40 Meter und ist in seinem guten Zustand nur mit den Tempeln in Paestum und mit dem Theseion in Athen vergleichbar. Er wurde im 5. Jahrhundert v. Chr. errichtet. Die Säulenreihen, sechs mal dreizehn an jeder Seite, Simse und das dreieckige Tympanon sind komplett erhalten. Sie lassen mehr als nur erahnen, wie imposant griechische Tempel sein konnten.

Der Tempel blieb nur deshalb so gut erhalten, weil ein katholischer Bischof ihn im 6. Jahrhundert in eine christliche Basilika umwandeln ließ, die den Apos-

Die Tempelruinen sollte man im Sommer spätnachmittags besuchen, wenn es kühler ist (oben). Riesenskulpturen bewachten in der Antike die Tempelanlage (unten). Den Concordia-Tempel beschrieb schon Goethe in der »Italienischen Reise« (rechts oben). Vom Plateau des Heratempels hat man einen grandiosen Blick auf die Südküste (ganz rechts oben).

teln Paulus und Petrus geweiht war. Im 18. Jahrhundert brauchten die architektonischen Ergänzungen einfach nur wieder abgebaut zu werden, um die ganze Pracht des antiken Bauwerks bewundern zu können.

Verschiedene Tempel wurden im 18. Jahrhundert teilweise wieder aufgebaut, so zum Beispiel der Dioskurentempel, der Heratempel und der Heraklestempel. Man brauchte dazu die umgefallenen Säulenteile lediglich wieder aufzurichten und zusammenzusetzen.

Im Olympieion, dem mit 56 mal 113 Metern flächenmäßig größten Tempel, ragen noch Pfeiler mit vorgeblendeten Halbsäulen empor. Die Zwischenräume hat man durch neu gezogene Mauern geschlossen.

Die meisten griechischen Gebäude sind im archäologischen Park Valle dei Templi zu finden. Diese Bezeichnung, auf Deutsch »Tal der Tempel«, scheint zunächst ziemlich irreführend, denn der Park liegt größtenteils auf einem Hügelrücken und nicht in einem Tal. Vom modernen Agrigent blickt man jedoch auf die archäologischen Stätten hinab – daher die Benennung.

Von den Griechen über die Byzantiner zu Goethe und Schinkel

Agrigent wurde im 6. Jahrhundert v. Chr. von Bürgern aus Gela und Rhodos gegründet und stieg unter dem griechischen Namen Akragas schnell zu einer Handelsmacht im Mittelmeerraum auf. Nach den Römern, die sich später hier niederließen, interessierten sich die neuen Herrscher, angefangen mit den Byzantinern, wenig für die Stadt. Die Tempel, die zivilen Bauten und die Akropolis verfielen und wurden als Steinbruch für die neue Stadt genutzt.

In Deutschland wurde das antike Agrigent vor allem durch die *Italienische Reise* des Johann Wolfgang Goethe berühmt. In der Folge des Dichterfürsten aus Weimar reisten viele deutsche Künstler und Schriftsteller in die im Süden Siziliens gelegene Stadt. Darunter der Maler Jacob Philipp Hackert, die Baumeister Leo von Klenze und Karl Friedrich Schinkel. Die große Eleganz ihrer neoklassizistischen Bauten in München und Berlin lassen sich ohne den Eindruck, den die Tempel in Agrigent bei diesen Architekten hinterlassen haben, nicht denken.

45 Römische Villa und Mosaiken von Casale

Wo Römerinnen Bikinis trugen und Gladiatoren kämpften

Der Besucher staunt. Nicht nur wegen der antiken Damen in Bikinis, die ungemein modern wirken. Die gesamte Anlage der römischen Villa in Piazza Armerina auf Sizilien ist mit ihren insgesamt rund 3500 Quadratmeter großen Mosaikböden so umwerfend, dass man sich mit ein bisschen Fantasie wie ein Gast bei einem superreichen Römer fühlen kann. Denn ein Krösus muss der Besitzer dieser Residenz gewesen sein.

Frauen sind das berühmteste Thema der Mosaiken in der Villa (oben), vor allem die antiken Bikinimädchen (unten). In der Regel sind hier aber kriegerische Szenen mit bewaffneten Römern zu sehen (rechts oben) oder mythologische Szenen, beispielsweise Figuren aus griechischen Sagen (ganz rechts oben).

D ie Villa lag bis 1950 im Erdreich, bis Gino Venicio Gentili sie entdeckte und ausgraben ließ. Der Archäologe hatte von Mosaikböden gehört, die Bauern bei ihrer Landarbeit zufällig entdeckt hatten. Von einem solchen Fund hätte er aber nicht einmal zu träumen gewagt: Ausgegraben wurden die Überreste einer riesigen Residenz, die vermutlich Angehörigen des Kaiserhauses oder antiken Milliardären gehört hatte. Dass die Villa del Casale 1997 von der UNESCO zum Welterbe erklärt wurde, verdankt sie ihren fantastisch erhaltenen Mosaiken, die überraschende Einblicke in das Leben im Römischen Reich der Spätantike gewähren.

Spätrömischer Luxus
Wahrscheinlich wurde die Villa, die in der Nähe der Stadt Piazza Amerina mitten auf Sizilien liegt, im späten 3. oder

frühen 4. Jahrhundert n. Chr. errichtet. In dieser Zeit der Spätantike litt das Römische Reich bereits unter den chronischen Angriffen von Feinden und drohte auseinanderzubrechen. Westrom ging dann schließlich auch im späten 5. Jahrhundert unter. Doch bis dahin existierten auf Sizilien wie auch in Nordafrika riesige Latifundien, die von finanzkräftigen Unternehmern bewirtschaftet wurden. Es ist deshalb nicht auszuschließen, dass die Villa del Casale bei Piazza Armerina die prunkvolle Residenz eines steinreichen Mannes aus spätrömischer Zeit war. Vielleicht war sie aber auch der Sitz des damaligen Statthalters von Kaiser Konstantin. Die noch existierenden Mauerreste vermitteln gleich den Eindruck einer immensen Anlage, die mit 3500 Quadratmetern auch für damalige Verhältnisse groß war, mehrere Innenhöfe

besaß und sämtlichen Komfort der römischen Antike bot: Bibliotheken, Thermen, Gärten, Speisesäle …

Doch der ganze Schatz der Villa sind die Mosaiken. Neben geometrischen Mustern faszinieren die szenischen und naturalistischen Darstellungen. Ein kurzes Stück nach dem Haupteingang folgt ein rechteckiger Hof, der auf allen Seiten von Säulenhallen umgeben war. Hier ist der Boden mit einem aufwendig gestalteten Mosaik verziert, das von Blumen- und Pflanzengirlanden umwundene Köpfe von Antilopen, Stieren, Pferden und Elefanten zeigt.

Der Korridor der großen Jagd stellt Jagdszenen dar. Die Farben der Mosaiksteinchen und die bildliche Gestaltung zeigen, dass weder an den Materialien noch an den besten Künstlern und Handwerkern gespart wurde. Zu sehen sind Jäger, die Tiere erlegen, aber auch Raubtiere, die Antilopen verfolgen und schlagen. Diese und auch andere, sechs mal acht Meter große Mosaikböden erinnern an kostbare Teppiche, bedecken sie doch die gesamte Fläche der Böden in einzelnen Räumen.

Liebesgötter und Damen in Bikinis

Die Mosaikböden in den privaten Gemächern im östlichen Teil der Villa del Casale zeigen andere Motive, so zum Beispiel Medaillons mit verliebten Paaren, antiken Heldenfiguren und Liebesgöttern, die von mehrfarbigen geometrischen Darstellungen umrahmt sind. Besonders bemerkenswert sind einige Mosaiken südlich des großen Peristyls. Auf weißem Hintergrund und einer angedeuteten Wiese stehen zehn junge gut gebaute Frauen in Bikinis, die sich mit Spielen vergnügen. Die Kleidungsstücke wirken irritierend modern – Modehistoriker datieren seit dem Fund der Villa del Casale auch folgerichtig die Erfindung des Bikinis in die römische Spätantike zurück.

In den Thermen der Villa zeigen großartige Mosaiken Szenen aus dem Zirkus, aus Arenen, wie sie damals beliebt waren, bevor die christlichen Kaiser auf Druck der noch jungen Kirche derartige Vergnügungen untersagten. Auf einem Mosaik erkennt man Szenen aus dem Zirkus Maximus in Rom, der größten Pferderennbahn der Antike. Zu sehen sind Rennwagen, die von jeweils vier Pferden gezogen werden. Diese außergewöhnlich detaillierten Darstellungen liefern wie fast alle Mosaiken der Villa del Casale wichtige Hinweise auf die Mode und die Gebrauchsgegenstände der späten Antike.

DAS INSELINNERE – CORLEONE UND CO.

Von Piazza Armerina aus empfiehlt es sich, durch das Innere der Insel zu fahren. Hier entdeckt man weite Täler und Ebenen mit Städten, die von den Arabern gegründet wurden. Enna zum Beispiel liegt auf fast 1000 Metern Höhe und eröffnet einen fantastischen Blick in das Umland, und Caltanisetta ist berühmt für seine Keramiken. Das Besondere im Inneren der Insel: Hier findet man keine schmucken, für den Tourismus herausgeputzte Ortschaften, sondern Sizilien pur – einfache Städte, zum Teil arm wirkend, die noch authentischen Charme verströmen. Manch einer kann auf ein Foto am Ortsschild des weltbekannten Mafiaortes Corleone nicht verzichten. Als Tourist hat man in dem sauberen und gepflegten Städtchen jedoch nichts zu befürchten.

WEITERE INFORMATIONEN

www.enit.de

Die Drei Zinnen in den Sextener Dolomiten zwischen Belluno und Südtirol (oben). Für den berühmten Karneval in Venedig werden die edelsten Masken abgestaubt (Mitte). Malerische baumbestandene Landstraßen schlängeln sich durch das Val d'Orcia (unten).

Register

Die Engelsbrücke, der Petersdom und der Tiber: Willkommen in Rom (oben)! Das Porträt von Benozzo Gozzoli im Palazzo Medici Riccardi zeigt den ehemaligen Stadtherren von Florenz, Lorenzo Il Magnifico (Mitte). Die Königsgemächer im Bourbonenpalast von Caserta strotzen noch immer vor Prunk (unten).

Wie immer gestenreich diskutierend: Männer an der Fontana di Trevi in Rom (oben). Das Forum Romanum und das Kolosseum in Rom erstrahlen in der Abendsonne (Mitte). Badegäste genießen das erfrischende Wasser an der Costa Smeralda (unten).

Impressum

Unser komplettes Programm:
www.bruckmann.de

Produktmanagement: Joachim Hellmuth, Stephanie Iber
Layout: graphitecture book, Rosenheim
Repro: Repro Ludwig, Zell am See
Umschlaggestaltung: Studio Schübel, München
Kartografie: Astrid Fischer-Leitl, München
Herstellung: Bettina Schippel
Printed in Italy by Printer Trento.

Alle Angaben dieses Werkes wurden vom Autor sorgfältig recherchiert und auf den aktuellen Stand gebracht sowie vom Verlag geprüft. Für die Richtigkeit der Angaben kann jedoch keine Haftung übernommen werden.
Für Hinweise und Anregungen sind wir jederzeit dankbar. Bitte richten Sie diese an:
Bruckmann Verlag
Postfach 40 02 09
D-80702 München
E-Mail: lektorat@bruckmann.de

BILDAGENTUR
HUBER

Bildnachweis:
Alle Bilder des Innenteils stammen von der Bildagentur Huber, Garmisch-Partenkirchen, außer:
Picture Alliance/dpa, Frankfurt a. M.: S. 89 o. (akg-images/Jemolo, A.), 52 u., 53, 77 o. (bildagentur-online.com), 51 u. (Electa/ Leema), 146 (HB-Verlag/Hauser, T.), 96 M. (imagestate/The Print Collector/Heritage-I/ Lorenzetti, A.), 54 u. (KEYSTONE/Balzarini, A.), 52 o. (Mathis, K.), 85 o. (Mayall, P.).

Alle Bilder des Umschlags stammen von der Bildagentur Huber, Garmisch-Partenkirchen:
Vorderseite oben v. l. n. r.: Blick auf San Giorgio Maggiore, Venedig, Kolosseum in Rom, Petersdom in Rom (alle: Bernhardt, U.), Mitte: Dom von Florenz (Irek), unten: Monte Cristallo in Cortina d'Ampezzo (Huber, J.);
Klappe vorne: Pärchen in Pienza (Fiore, D.);
Rückseite, v. l. n. r.: Typisches Haus bei San Quirico d'Orcia (Olimpio, F.), kostümierte Frau beim Oswald-von-Wolkenstein-Ritt in Seis (Bernhart, U.), typische Inselarchitektur auf Stromboli (Simeone, G.);
Klappe hinten: Trulli bei Alberobello (Simeone, G.);
S. 2/3: Innenhof der Villa Medicea in Florenz (Ripani, M.);
S. 4: Traditionell gekleidete Frau in Ussassai (Massimo, R.);
S. 6/7: Gondeln vor der Rialtobrücke in Venedig (Baviera, G.);
S. 166/167: Blick auf die Insel Stromboli (Bartuccio, A.).

Die Deutsche Nationalbibliothek verzeichnet diese Publikation in der Deutschen Nationalbibliografie; detaillierte bibliografische Daten sind im Internet über http://dnb.d-nb.de abrufbar.
© 2011 Bruckmann Verlag GmbH, München
ISBN 978-3-7654-5594-0

In gleicher Reihe erschienen ...

ISBN 978-3-7654-5437-0

ISBN 978-3-7654-4889-8

ISBN 978-3-7654-4828-7

ISBN 978-3-7654-4830-0

ISBN 978-3-7654-5154-6

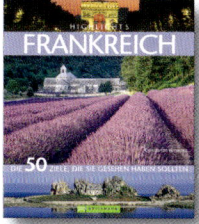
ISBN 978-3-7654-5368-7

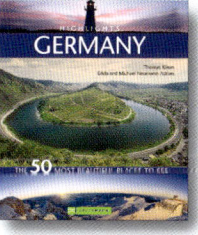
ISBN 978-3-7654-5253-6

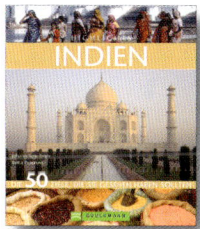
ISBN 978-3-7654-4817-1

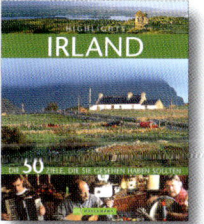
ISBN 978-3-7654-5214-7

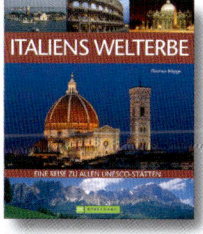
ISBN 978-3-7654-5594-0

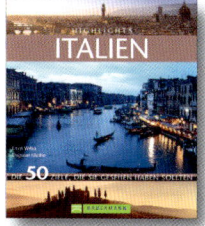
ISBN 978-3-7654-4617-7

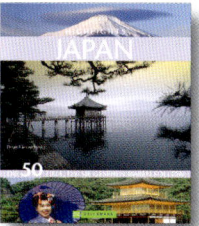
ISBN 978-3-7654-5426-4

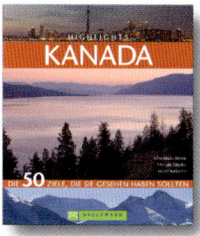
ISBN 978-3-7654-4760-0

ISBN 978-3-7654-4869-0

ISBN 978-3-7654-5143-0

ISBN 978-3-7654-4750-1

ISBN 978-3-7654-4827-0

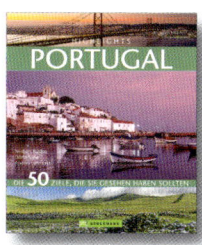
ISBN 978-3-7654-5533-9

ISBN 978-3-7654-4973-4

ISBN 978-3-7654-4748-8

ISBN 978-3-7654-4749-5

ISBN 978-3-7654-5496-7

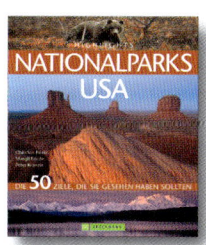
ISBN 978-3-7654-5412-7

BRUCKMANN
www.bruckmann.de